ORÁCULO MÍSTICO *das* RUNAS

UM GUIA COMPLETO

Lord A

ORÁCULO MÍSTICO *das* RUNAS

UM GUIA COMPLETO

ALFABETO

Publicado em 2024 pela Editora Alfabeto

Supervisão geral: Edmilson Duran
Produção Editorial: Rackel Accetti
Ilustrações: Paulo Rodrigues
Diagramação: Décio Lopes
Revisão: Tatiana Müller

DADOS INTERNACIONAIS DE CATALOGAÇÃO DA PUBLICAÇÃO

A, Lord

Oráculo Místico das Runas: um guia completo / Lord A – 1ª edição – São Paulo: Editora Alfabeto, 2024.

ISBN 978-65-87905-78-5

1. Runas 2. Oráculo 3. Arte divinatória I. Título.

ALFABETO

EDITORA ALFABETO
Rua Ângela Tomé, 109 | Rudge Ramos
CEP: 09624-070 | São Bernardo do Campo/SP | Tel: (11)2351.4168
editorial@editoraalfabeto.com.br | www.editoraalfabeto.com.br

DEDICATÓRIA

Dedico esta obra a minha amada Xendra Sahjaza e as nossas famílias noturna e diurna — as nossas mães que acompanham, hoje, nossas aventuras através da noite.

Em especial, dedico esta obra ao meu pai, que lia os mitos nórdicos e gregos para mim na infância; segundo ele, se Thor possuía um martelo, era para trabalhar; e ao meu sogro, um cinéfilo que adorava filmes medievais e de vikings. Deixam saudades e lições.

Também dedico a Mirella Faur, uma inspiração para todos nós, que ramificou e tornou acessíveis os mistérios do velho norte, aqui, neste país logo abaixo da Amazônia.

E naturalmente a cada um dos meus estudantes e adeptos do Círculo Strigoi, do Vision, do Campus, do Neofitado, da Corte de Antares e Amantikir, e aos meus mentorados do Salon de Hades.

In memoriam a Mimi, nossa siamesa de humor tipicamente escandinavo, que partiu para o abraço de Freya após 17 anos de companhia e sempre repousava sobre os livros da minha mesa enquanto eu trabalhava nas noites sem fim.

SUMÁRIO

INTRODUÇÃO

Há uma expressão norueguesa, escrita com runas, que é "Vamos lançar as Runas!". Para muitos de nós que nascemos na metade dos anos 1970 para cá, imaginamos que seja basicamente agitar um recipiente com nossas runas e em seguida lançá-las sobre uma superfície e interpretar o que vier.

Quando somos expostos a janelas de tempo mais amplas, percebemos que algumas coisas podem ser verdadeiramente maiores do que sonhamos ou sequer pensamos saber. Alguns de nós aguentam à beira do limiar, onde há muito mais do que possamos saber ou sonhar. E assim eu recaio naquele verso 144, parte do Rúnatal presente no capítulo V do Hávamál — que entrega mais do que merecemos sobre a força das runas. Em negrito eu menciono o verso e em texto normal alguns comentários. Vamos a eles:

Você sabe como deve entalhar? Para entalhar, é preciso conhecer e saber muito sobre elas. Entalhe uma runa por dia na superfície de barro, pedra, madeira ou ossos. Ao final, coloque-a sob seu travesseiro, para sonhar com ela, e experimente a força que acumulará no 24º dia. Você não estará entalhando apenas um objeto: estará acessando o próprio Wyrd ou a teia de Urd.

Você sabe como deve ler? Interpretar é um bom termo, em sueco é Reda. É preciso entender as ordens de leitura delas, suas influências umas sobre as outras. Uma maneira interessante é dispô-las na ordem, em um círculo, e perceber suas polaridades e repertórios. Elas reagem entre si — e isso você só experimenta manipulando e praticando.

Você sabe como deve pintar? A cor aciona a força da runa. Recomendamos o vermelho, cor do Megin, da força e do poder. É a cor do sangue. Zauber significa enfeitiçar, em alemão, e vem de Teafor — ou a cor vermelha. Há muita especulação sobre o uso do sangue menstrual e do esperma. Isso consta no "Sigrdífumál", em que a autora Freya Aswynn traduz o nome Heidraupner como alegoria de útero menstruado e Hoddrofner como o órgão sexual masculino.

Você sabe como deve testar? É sobre a força e a habilidade que vêm diretamente da prática e, como esta, levam à intimidade e a uma relação pessoal sua com as runas e o oráculo que tem em mãos. Você deve testar, colocar em prática, errar e errar até esgotar todas as maneiras de errar daquele jeito.

Você sabe como deve perguntar? Ou simplesmente como pedir exatamente aquilo de que precisa. Runas agem como conselheiras que vêm do altíssimo. Tudo que se recebe, no entanto, demanda algo em troca. Perguntamos ou pedimos através de breves e singelas evocações. Peça com equilíbrio e respeito, mas nunca com submissão, às runas de que deseja fazer uso. Espontaneidade e versos curtos nunca falham — Odin é caprichoso, mas também generoso. Seja honrado ao se dirigir ao invencível.

Você sabe como deve sacrificar? Ou quem sabe oferecer. É sobre dedicar algo, uma oferenda ou libação vertida no lugar certo, tal como a condução de um cerimonial, com suas estâncias e estações. Nunca ofereça demais e tampouco peça igualmente demais — é sobre boas relações. Honre os antigos deuses no seu cotidiano, seja com uma vela, um incenso ou lendo suas evocações e lhes entregando um pouco do seu tempo, empenho e engajamento — raramente precisará pedir algo a eles.

Você sabe como deve enviar? Uma alegoria vem aqui, é como aprender a deixar a flecha do seu arco simplesmente ir rumo ao alvo. É um gesto leve, onde a puxamos na corda até que simplesmente se esvaia dos nossos dedos. É sobre esquecer o ritual realizado, tal como as cinzas do incenso ou o que resta na lareira. Assim, lançamos para os deuses e para o horizonte — as muitas partes de nossa alma se encarregam de levar a mensagem.

Você sabe como deve cessar? Ou então dispensar. Basicamente é a conclusão e a declaração da finalização do rito e da atividade "mágicka". É o sacrifício de si para si, que aprendemos originalmente com Odin. Nunca seja morno e jamais faça algo meia-boca; o invencível passou nove noites dependurado na árvore do mundo, fustigado pela lança no peito e o vento frio dos nove reinos.

Aparentemente, minha vida e minhas obras têm muito a ver com isso. E muito do que você irá aprender ou reviver nas páginas que seguem neste livro.

Os chamados "antigos costumes", atribuídos a uma religiosidade escandinava pré-cristã, envolvem uma atitude e uma postura que prezam pela honra e pelas virtudes. A modéstia certamente se insere através deles, dado o fato de que virtudes são silenciosas e não são anunciadas por quem as detém. É algo que, assim como o tipo físico, cabelos (ou não), barba (ou não) e afins, é sentido e percebido em alguém muito antes deste sequer dizer alguma coisa.

As runas são uma parte importante destes antigos costumes, não sendo apenas um oráculo ou uma expressão oracular. Elas versam sobre uma interação muito pessoal entre você e o altíssimo, Odin e os deuses e deusas que respondem ao invencível. São selos, sigilos, letras, lições, marcas escritas em pedra para vencer ao tempo.

Naturalmente, falar sobre tudo isso evoca a imagem de força e poder, hoje quase uma "Arché" do viking e às vezes do varegue, ambos comerciantes de trato razoavelmente hostil que atormentaram a costa europeia e os rios asiáticos entre os séculos 9 e 11. A última década (2011-2021) foi especialmente generosa para eles na cultura pop e, por extensão, incentivou incontáveis novas espiritualidades, eventos e toda uma riquíssima produção cultural inspirada neste imaginário. Ou seja, formou-se uma comunidade com diversas extensões e vinculações.Meus nobres amigos e amigas da Noruega e Suécia são bastante céticos em relação a tudo isso, não entendem por que as pessoas de outros países precisam se vestir como personagens de filmes e séries para jogar runas ou falar desse assunto. Muitos deles sequer pegaram em uma espada ou escudo, aliás.

O quanto de tudo isso que se alastrou pelo Ocidente reverbera o chamado "antigo costume" dos escandinavos? O quanto de tudo isso talvez se insira numa ampla apropriação cultural de um imaginário mais hollywoodiano e *mainstream* do tema? O quanto um churrasco de final de semana em que todos vertem Blöts e libações em nome de Odin e Thor é realmente um ritual e não apenas uma galhofa? E o quanto de gente, alegando deter o verdadeiro segredo e policiando uma antiga fé, realmente não está ali apenas atuando em nome próprio, exercendo um autoritarismo tupiniquim por mais *views* e remuneração no seu canal?

Receio desconhecer as respostas para tudo isso.

No entanto, há pelo menos 16 anos (para ser franco) muitas pessoas consideram que tenho algo a dizer sobre aquilo que vivo à minha própria maneira, que diz respeito a um antigo costume, a caminhar naquilo que falo e prometo. As runas também estão na minha vida há este tempo e me ofereceram um percurso, marcadores e repertório para uma jornada mais voltada para a magia. E esta me ofereceu mais recursos para lidar com o desespero e a incerteza da vida. E isso foi bom.

O meu foco, nesta obra, é o Futhark Antigo. Estou certo de que você realizará uma jornada e tanto, não importando se este é o seu primeiro contato ou se você já é um conhecedor destes temas.

E o mais importante: neste livro, aprenderá um pouco do que precisa saber sobre o básico e indispensável para usar toda a força das cartas que formam este viçoso e belo oráculo rúnico.

A viagem transforma o viajante em uma alquimia secreta e poderosa, tal como a prática transforma você em alguém habilidoso. Sem estes dois saberes, você será apenas mais um falador lançado aos dilemas que mencionei há pouco. Então, vamos iniciar.

TÓPICOS INDISPENSÁVEIS

Saudações nobres! É um prazer oferecer a você o percurso e a jornada que seguem nesta obra. Como o tempo e o espaço de páginas realmente importam em livros, vamos iniciar com alguns marcadores básicos e indispensáveis que ajudarão você a não se perder (muito) através da jornada. Na verdade, você vai se perder em algum momento, e é assim que a gente se desenvolve e aprende — tal como Odin — que o sacrifício é de si para si. Aprender e se desenvolver neste prado é do seu próprio interesse, não é mesmo? Ninguém virá salvá-lo e não há nada, nem um mundo de pecados e tampouco alguém para você redimir.

Através das runas, você aprenderá a se entender e cuidar melhor de si, através do "desesperar", dos vícios, das fraquezas e das incertezas. Não há messias ou pecado original de nenhum tipo. Mas há lições que vêm do altíssimo, da tradição, dos hábitos e dos costumes, e as mudanças são e sempre serão melhores no varejo do que no atacado.

Vamos começar com um tema mais controverso para quebrar o gelo. Na sequência dele, vamos com aquelas questões e tópicos que convêm saber e entender, visto que podem lhe ajudar na vida como ela acaba sendo.

Há uma matriz ou consciência rúnica?

Vamos iniciar com alguma polêmica. Já vi este termo circulando com alguma regularidade, principalmente no início do século corrente, em publicações e transcritos de conferências sobre Runas na Europa.

O termo Matriz foi bastante abrangente e popular na época, por conta da trilogia de filmes de mesmo nome (Matrix, em inglês), e é curioso como certas produções da cultura pop se disseminam e, logo, nos meios esotéricos, são apropriadas como movimentos de novas espiritualidades. Os vikings são um bom exemplo disso na última década. Egrégoras espirituais ou neurônios-espelho? Alguma coisa acontece, talvez devido ao humano ser um animal com fome de sentido — mas carente de espreitas e investigações mais aprofundadas.

Se olharmos para o passado, podemos especular sobre expressões de uma matriz ou mesmo de uma consciência rúnica. Evidências como Johannes Bureus (Suécia dos anos 1600), Guido Von List (Runas Armanen, virada do século 19 para o 20) e, mais recentemente, Mirella Faur e seu trabalho rúnico na chácara Remanso, no Brasil (1980-2010), e naturalmente Thomas Karlsson, na Suécia (século 21), oferecem um certo alento e uma base para tais especulações. Há alguma coisa no ar, você sintoniza, cruza informações de diversas fontes que parecem convergentes, atua junto delas e em seguida some por um tempo, até retornar. Talvez um imaginário rúnico fosse um termo mais interessante, o que acha?

Sabemos que a magia opera por caminhos misteriosos. Pessoas podem acreditar nesses sistemas divinatórios e fazer uso deles como espelhamentos e ressonâncias de sua inspiração ou intuição. Podem acessar mananciais e repertórios que se mostram para alguns no cotidiano, recompensando seus investimentos e práticas contínuas.

Não vou mentir, quando experimento um contato mais intenso com o universo rúnico, como quando escrevo um livro ou preparo um curso, vejo runas nas pessoas, no clima, nos galhos das árvores e até no entrelaçar dos fios dos postes de eletricidade nas ruas. Será o hiperfoco ou a exposição exagerada? Até mesmo me sinto observado e acompanhado no silêncio da noite, no meu escritório, enquanto trabalho no material — e não é pelos felinos da casa e tampouco por minha esposa. Há mudanças de temperatura. Então, há alguma coisa sim — algumas coisas estão além do que acreditamos e apostamos como certo.

O atacado dos consumidores de material rúnico pensa mais no que irá jantar e em uma solução rasa e breve, do que em algo mais elaborado e de maior prazo de elucubração interior. O que eles acabam por realizar está bem distante do uso ou acesso mais original dos escandinavos e germânicos dos séculos 1 a 4, o possível período de organização das Runas.

Claro, a considerar a técnica e o que viviam na prática, naquele tempo, as tribos germânicas e escandinavas também pensavam mais no que iam comer na janta. E se iam atravessar o inverno cruel e implacável. As relações com outros povoados e famílias, sua interdependência, também importavam neste sentido. O que quero dizer é que nós, povos de tempos quentes e planícies, de tempos infinitamente mais ricos e prósperos, sequer conseguimos imaginar ou acessar tal realidade, mais crua e bruta, que escandinavos e germânicos viveram no passado, tampouco seus fundamentos e tratos com seus ancestrais e deuses.

Mas, certamente, há algo que permanece, pois a natureza humana, em sua nobreza e vícios, é mais ou menos a mesma. Assim, podemos espelhar e refletir o que encontramos (ou somos encontrados) nas runas. Os marcadores, as variáveis e seus repertórios estão ali para quem sintonizar.

O mensageiro a cavalo de tempos idos hoje é a mensagem veloz no aplicativo. Os conflitos por posses, sustento e propriedades são mais ou menos os mesmos, com termos, posturas e leis diferentes. A coragem, hoje mais rara, ainda é indispensável, e reconhecemos os corajosos — tal como distinguimos a massa corporal, o cabelo e o tônus dos outros. O enfrentamento é uma constante. A tragédia vem ao final, bem-aventurado ou não, e talvez por isso runas ainda importem.

Então, gosto de pensar que, sim, há algo que podemos nomear de consciência ou matriz rúnica no foro íntimo e privado — mas dizer que sabemos o que é ou como se processa é um exagero, me soa brega. No entanto, a deselegância, aqui, é dispensar a apreciação e o estudo de fontes acadêmicas ou espiritualistas, a prática, a pesquisa e o registro da própria experiência durante sua jornada.

O que significa runa?

A raiz de Runa é indo-europeia, o prefixo *ru* é atribuído a algo misterioso; *run,* em norueguês arcaico, é traduzido como *segredo*; no alemão antigo, é *sussurro,* assim como nas línguas góticas e dos saxões; ou seja, sempre recai em algo como *segredo sussurrado* ou *sussurro misterioso* — um *conselho precioso,* como vemos no norueguês antigo *Rún,* ou *conselhos*, no seu plural, que é *Rúnar*. São mensagens vindas do alto, conselhos dados de bom tom aos mortais.

Para alguns, trata-se de algo velado e transmitido oralmente por alguma iniciação. Há algo de semelhante às lendas do alfabeto ou à língua dos pássaros, muito caras aos alquimistas germânicos, que falam sobre as imagens na mente, o imaginário, e tentam representar os lugares comuns da natureza humana. As ideias e os afetos voam como pássaros, sussurram e nos atravessam, tirando-nos do tempo e do espaço, segundo os antigos.

As runas funcionam como uma metalinguagem, tal como um romance que fala sobre literatura ou um filme que fala sobre o cinema. Elas dizem respeito a lições e conselhos que reúnem o elenco de personagens, reinos, o bestiário e o irrestrito catálogo de deuses, ancestrais e seres fantásticos do imaginário escandinavo. Mas eu elevaria nosso voo noturno ainda mais alto.

As próprias formas das runas são o suficiente para entregar tais sussurros aos seus escolhidos ou aptos para interpretá-los. Imagino maneiras de como podemos entender isso, sinto um doce aroma de especulação no ar. As formas das runas podem ser como padrões energéticos vislumbrados sobre os incontáveis fios do Wyrd, o Destino. Tais formas ressoam e vibram seus efeitos e influências, seus repertórios sobre o individual, o coletivo, os animais e a paisagem. Mas, para nós, são conselhos preciosos que nos ajudam a achar nosso lugar no fluxo irrefreável e irrestrito da vida.

O que são as runas?

Na vida como ela é, as Runas são letras (embora eu prefira pensar nelas como símbolos) usadas nas línguas germânicas e escandinavas ao norte da Europa. Por volta dos anos 800-900 da nossa era, elas alcançaram "formalmente" as ilhas britânicas e o continente europeu, através dos varegues e dos vikings.

As runas foram encontradas em pergaminhos, placas metálicas, ourivesaria, artesanato, pedras rúnicas, peças de ossos e de madeira. Acredita-se que as inscrições rúnicas mais antigas datam do ano 150 da era atual também. As mais conhecidas são o Futhark Antigo (com 24 Runas) e o Futhark Novo (16 Runas), chamados assim por conta das seis primeiras letras.

Elas também serviram como uma espécie de calendário que se inicia no que poderia ser nosso 23 de junho. Acredita-se que as runas foram usadas até algum momento da Idade Média, embora seja válido ressaltar que os povos do norte já usavam o alfabeto latino, glagolítico e cirílico nos seus livros e textos antigos desses tempos.

De onde vieram as runas?

Esta é uma questão realmente ampla, mas podemos descartar suas origens entre aliens e a velha Atlântida, sem crise nenhuma. Existem algumas teorias bem interessantes, como a teoria grega (1899), a teoria latina (1874), a teoria etrusca (1928) e a teoria nórdica, mencionada por Thomas Karlsson. Vamos explorar levemente cada uma delas.

A grega enxerga similaridades entre a letra grega Ômega e a Runa Othala, entre outras; é algo interessante. A latina, a mais aceita no meio acadêmico, versa sobre achados acadêmicos e similaridades entre certas runas e as letras latinas. A etrusca é, digamos, a mais desafiante: achados arqueológicos etruscos, escritos com letras etruscas, eram, na realidade, a língua dos antigos escandinavos. Talvez quisessem descrever uma conexão com o alfabeto etrusco por meio da parte germânica dos montes Pirineus e dos Alpes; ela harmoniza com os escritos e considerações de Tácito, na prestigiada obra Germânia, quando menciona a tribo de Cimbru adentrando o território dinamarquês através do Danúbio e dos alpes, no primeiro século. E então resta a teoria nórdica, que pontua que as runas surgiram no próprio norte e teriam influenciado os outros alfabetos. Karlsson sendo Karlsson.

Sou alguém que aprecia a semelhança das runas com inscrições rupestres, encontradas em diversas partes da Europa na chamada Idade do Bronze e do Ferro (1300-800 antes da Era Comum), como apontado por Mirella Faur. Imagino quando isso chegou entre os teutônicos em tempos arcaicos.

A tradição e as lendas nos contam que as runas foram encontradas pelo deus Odin, depois de uma iniciação xamânica que lhe custou nove noites agonizando dependurado e trespassado por uma lança no peito. O interessante é que Odin não inventou ou criou as runas, elas já estavam lá bem antes dele. Mas saindo do tempo do mito e da lenda, temos algo realmente interessante.

Talvez, a primeira vez que o mundo prestou atenção às runas tenha sido ainda em 1554, o que devemos a um escrito de Olaus Magnus sobre os escandinavos, que retratava um Futhark Rúnico com 19 runas ligadas a calendários do final da Idade Média. Antes disso, em torno de uns cinco anos, o amigo italiano de Olaus, Teseu Ambrósio, publicou o mesmo diagrama em uma obra introdutória à língua caldeia. E assim vemos iniciar-se o interesse entre católicos e protestantes nas misteriosas runas e suas propriedades. Vemos esta curiosidade nos escritos de Nicholaj de Mattos Frisvold, por exemplo.

O autor norueguês aponta como o Futhark Antigo tem origens anteriores ao primeiro século, mencionando o célebre Klaus Düwel:

> *"As runas não foram apenas uma criação germânica; estavam sujeitas a influências externas. Alguns alfabetos mediterrânicos influenciaram as runas. Estamos ligados à datação arqueológica das inscrições rúnicas, tanto em termos de localidade quanto de tempo, ao fazer nossas sugestões".*

Para que servem as runas?

Ao longo dos últimos (quase) dois milênios, as runas desempenharam incontáveis papéis entre os povos escandinavos. O Futhark Antigo e suas 24 Runas que apreciamos nesta obra datam do século 2 e, até o século 8, têm muito a nos contar. Foram gravadas em grandes pedras para marcar propriedades, honrar e recordar mortos poderosos, marcar lugares de batalhas gloriosas, expedições, transmitir lendas e histórias importantes do povo que viveu em cada região.

Muitas vezes, elas marcavam acordos, votos, pactos e juramentos entre pessoas. Outras tinham finalidades mágickas demandando proteção, vingança e outras finalidades. Eram usadas pelas pessoas comuns e também por sacerdotes e poetas ou menestréis. Runas carregavam um valor senciente, estético e naturalmente poético. Eram combinadas artisticamente formando padrões geométricos e ligaduras graficamente sofisticadas e interessantes.

Na produção literária, runas serviam como aliterações, rimas, metáforas, expressões figuradas, alegorias e afins. Nesses entremeios, víamos janelas para a organização social dos povos escandinavos, família, economia, ética, figuras históricas de todos os tipos, culto aos deuses e ancestrais. Elas serviam para enxergarmos a pluralidade e a memória que formava o velho norte.

As runas nos mostram como a moral, os hábitos e os costumes surgiram e evoluíram dos bandos que andavam juntos e formavam suas famílias, lidando com o modo como a vida acabava sendo e não a partir de uma idealização ou um amor a algo abstrato chamado humanidade.

Como usar as runas?

Será que fazemos uso das runas, ou somos usados por elas? Runas servem como conselhos preciosos vindos do alto. Isso é mais interessante do que o uso oracular, pois serve como uma mensagem pessoal para alinhar ou balizar você ao seu Destino ou seu próprio Norte. Entretanto, as pessoas comuns enxergam isso como oráculo, mas você, que está se desenvolvendo com este livro, pode atuar de maneira mais interessante e, aos poucos, se aproximar dos antigos costumes.

Runas servem e podem ser usadas como selos, símbolos, marcadores e variáveis de um repertório muito mais amplo do que o uso oracular para as coisas da vida ou as escritas monumentais ou recreativas. Elas formam e medeiam um diálogo entre nossas dimensões interiores e a vastidão.

Runosofia é o entender e o dialogar como algo perene, tal como a natureza e um pensar pré-moderno. Assim, você tem o estudo de diversas fontes literárias, práticas de meditação, contemplação e outras para se entender melhor diante de fatos recorrentes da sua vida. E, a partir da sua prática pessoal, vêm uma mística e suas descobertas.

As runas são magia branca ou magia negra?

Quando escrevemos um livro, sempre olhamos para dúvidas frequentes e razoavelmente comuns que circulam pelos mecanismos de busca e redes sociais. Vamos pensar da seguinte maneira: uma arma ou ferramenta é boa ou má? Ela faz aquilo que foi feita para fazer, mas quem define o uso e colhe as consequências é quem a utiliza. Uns transformam em ouro, e outros, em excremento.

Existem runas de nuances mais agressivas e outras mais complacentes, como veremos nos capítulos posteriores, e elas são assim. Diante de uma tradição escandinava, a maneira como enxergamos a diferença entre Magia Branca e Magia Negra é bastante diferente do que estamos acostumados na maior parte do Ocidente.

Inclusive mais sofisticada, a meu ver.

Basicamente, as artes negras ou magia negra são aquelas que se originam e vêm de Utgard, o reino exterior e além dos nove reinos que abarcam nossa Midgard. Um lugar perigoso, mas de grande sabedoria, ainda que seja a morada do caos e da ameaça constante à ordem temporária que vivemos. São as artes que vêm dos Jotuns e outros seres obscuros, por não fazerem parte do conhecido; são o infamiliar, o estrangeiro, o exterior e o estranho à natureza comum das coisas.

Já a magia ou as artes brancas são as que pertencem a Midgard, o jardim do meio e centro cósmico criado pelos deuses Aesir. É um lugar de ordem temporária, sempre se equilibrando, pairando em meio ao caos de Utgard. Nosso reino é feito da carcaça do gigante Ymir, como atestam os mitos nórdicos. Para algumas novas espiritualidades, como o Thursatru, o próprio gigante em questão apenas sonha, mas não morreu. Há mistério e sabedoria para cada bravo ou brava que se aventura diante da força das runas. Há algo a serpentear nos limites entre Midgard e Utgard, mudança e renovação, assim como na Tradição, para abarcar mais.

Odin e as runas nos ensinam que o sacrifício é para si, pela oportunidade, necessidade, maturidade e entendimento para conquistar mais habilidade, força e riqueza para o bem de todos os seus. O equilíbrio neste selvagem jardim do meio é sempre delicado, temporário e enviesa o trágico. Dado o contexto envolvido, isso é completamente diferente de fazer apenas por benefício próprio, ou daquele comportamento brega do nosso tempo que é acreditar apenas em si e nada mais.

Runas escuras, claras e neutras

Ao longo deste amplo capítulo, exploramos, ainda que inicialmente, marcadores importantes e indispensáveis que são o âmago das runas e como estas expressam o repertório da magia e do imaginário escandinavo.

O que falamos a seguir não é sobre ética, visto que a cor preta e o sombrio versam sobre o estrangeiro e o que vem de além do limiar; o claro vem do que é conhecido e tem seu lugar na ordem das coisas com as quais convivemos; e há ainda um tom neutro, misterioso — tudo isso nos permite entender e classificar o Futhark Antigo em runas claras, escuras e neutras. Convêm lembrar que cada runa porta em si um lado claro e outro escuro.

As runas escuras, chamadas Rökkr ou Myrk são:
Uruz, Thurisaz, Hagalaz, Naudhiz, Isa, Perthro, Eihwaz e Laguz

As runas claras são chamadas de Heid e são:
Fehu, Ansuz, Kenaz, Gebo, Wunjo, Sowilo, Tiwaz e Dagaz

As runas neutras não costumam ter um nome e são:
Raidho, Jera, Algiz, Berkano, Ehwaz, Mannaz, Ingwaz, Othala

Runas ocultas e invertidas

Particularmente, trabalhamos aqui com cartas, que algumas vezes podem sair de cabeça para baixo e, outras, com o verso para cima (neste último caso, embaralhe as cartas direito que resolve). Quando interpretamos runas, podemos escolher ler cada uma delas sempre na sua posição normal. Outras vezes, podemos considerar ler o seu sentido e significado quando saem de cabeça para baixo; neste caso, usamos sentidos opostos ou complementares.

Bem, nesta expressão podemos considerar nossas cartas como ocultas quando os escudos estão para cima; neste caso não precisamos ler. Falamos de cartas, não de peças tridimensionais feitas de osso, pedras ou madeira — estas ganham um leque maior de interpretação e podem ser experimentadas quando você ganhar mais traquejo.

Uma coisa importante é que o sentido oposto não torna uma runa ígnea como Kenaz em uma runa de água como Laguz, não. Tiwaz, uma runa sobre lei e ordem, quando sai invertida, fala sobre ilegalidade. Quando elas caem fora do eixo vertical, podemos usar interpretações complementares. Neste caso, Laguz pode até mesmo ser lida como um vazamento ou como a escassez que leva à seca.

Particularmente, trabalhamos aqui com cartas e, algumas vezes, elas podem sair de cabeça para baixo, de lado, e outras com o verso para cima (neste último caso, embaralhe as cartas direito, como eu disse).

Fehu, Uruz, Algiz, Tiwaz, Ehwaz, Mannaz & Odal
Algumas runas têm forma simétrica e, quando saem de ponta-cabeça, seu sentido e significado são interpretados de maneira invertida.

Thurisaz, Kenaz, Perthro & Berkano
Estas runas têm formas assimétricas, portanto, o sentido não muda quando saem invertidas. Porém, quando caem com a parte lisa para cima (sem a imagem), elas assumem um sentido oposto, por assim dizer.

Ansuz, Raidho, Wunjo & Laguz
Tais runas, quando saem viradas ou invertidas, têm respectivamente interpretação virada ou invertida.

Gebo, Hagalaz, Naudhiz, Isa, Jera, Eihwaz, Sowilo, Ingwaz & Dagaz
Estas runas não têm exatamente um lado de baixo ou de cima, logo, o significado raramente muda. É interessante que são nove runas e correspondem aos nove reinos — mas há mais sentidos nisso, os quais você encontrará e experimentará em algum momento.

Sobre o Futhark antigo

A primeira coisa a saber é que o termo Futhark nada mais é do que o conjunto dos valores fonéticos das seis primeiras runas: Fehu, Uruz, Thurisaz, Ansuz, Raidho e Kenaz. Vemos sua presença no broche de Aquinco, que data do século 6.

Para o doutor Stephen Flowers, da Universidade de Austin, no Texas, Estados Unidos, o termo runa significa "mysterium", arcano, segredo e tradição, sendo apenas posteriormente definido como sinal ou símbolo que representa um som individual na língua germânica falada hoje.

O sistema rúnico é um complexo de fatores que se inter-relacionam formando uma estrutura orgânica. Entre eles, os principais marcadores são:

1. Nome (indicando um valor fonético e uma ideia)
2. Forma
3. Ordem (número)
4. Divisão tripartite

Dessa maneira, cada bastão rúnico tem um nome distinto que transmite um conceito no repertório rúnico. O primeiro fonema indica o valor fonético do bastão na sua escrita — as runas também eram usadas como ideograma ou sigilo, como no caso da Runa Jera, que poderia significar "Boa Colheita", ou ainda o som da letra "J", que em inglês soa "Y".

A forma ou desenho da runa influencia o trovador ou bardo a transmitir o sentido de algum personagem ou reino presente na sua mística.

A ordem das runas e suas numerações na ordem que são dispostas oferecem ainda mais relações entre os marcadores, suas variáveis e o repertório onde se inserem — assunto para longas conversas runosóficas ao gosto do hidromel.

O segundo conceito mais importante são os Aettir, famílias ou parentesco nos quais as 24 runas são dispostas e apresentadas. Isso automaticamente estabelece novos conjuntos, conexões e mais formações de vínculos, ainda mais que cada Aettir tem lá seu regente e seu tema.

Tudo isso faria muito mais sentido ao trovador ou poeta que assim enxergava algo e sabia de coisas que outros desconheciam e não enxergavam relação. Havia uma consistência sistemática que atravessaria o primeiro milênio desta era.

O Futhark Antigo vai desde o início da Era Comum, o tal do ano zero, até meados do ano 750, com suas 24 runas. É uma datação considerável e relevante. Só por volta do ano 750 é que surge o Futhark Novo e o sistema é resumido em apenas 16 runas. Historicamente, este será usado até meados do ano 1100 e vingará por toda a Escandinávia na era de ouro dos vikings.

Vale sempre destacar que a escrita rúnica não era o alfabeto comum do povo, era algo cerimonial e imponente usado por uma pequena elite. Depois de 1100, as runas caem em aparente desuso, permanecendo mais ou menos conhecidas apenas na província de Dalarna, na Suécia, na Ilha de Gotland e na Islândia.

Especulava-se que, por volta dos 1500, elas estavam esquecidas e suas pedras eram muitas vezes tomadas por acadêmicos como escritas antediluvianas bíblicas e similares, tanto que o desafio, a partir da metade do século 14, era reencontrar seus significados — e os anos 1600 acabam sendo chamados de primeiro reavivamento rúnico.

Fato é que, ainda hoje, não estamos tão certos assim do quanto dos nomes aplicados ao símbolo rúnico, seus significados, personagens e temas estão realmente apurados ou claros. E lá no âmago permanece um incômodo conceitual sobre se elas eram realmente usadas oracularmente da maneira como realizamos hoje.

Se considerarmos os sentidos e significados do termo Runa, dizer "lançar as runas" pode alcançar sentidos muito diferentes de sacudi-las e lançá-las à mesa ou ao chão. Há a chance de existir algo infinitamente alterado e completamente diferente neste sentido.

Isso inclui até mesmo o corpo das próprias inscrições rúnicas catalogadas e o que foi acumulado e reunido sobre elas. Nesse caso, temos um acervo com mais de 5 mil artefatos reunidos através de toda a Escandinávia, principalmente na Suécia, que datam principalmente de 980 a 1130. Nada mal! E é bastante pontual que as peças mais antigas incluíam as chamadas 24 runas do Futhark Antigo.

Sobre o Futhark novo

O Futhark Novo reduz as 24 runas para 16 runas. Segundo os acadêmicos, foi uma transição suave e regular, que simplificou e reuniu significados, sentidos, lições e valores. O Futhark Novo foi muito usado nos tempos dos vikings, entre os anos de 800 e 1100 da Era Comum. A especulação mais comum é que os traços esotéricos deste sistema foram preservados durante todo o período medieval cristianizado.

A curiosidade nos atiça, eram tempos que os dialetos escandinavos se tornavam mais complexos linguisticamente e ganhavam mais sons, enquanto o sistema de escrita se tornava mais e mais simplificado na representação deles. É quase um paradoxo se pensarmos a respeito, o segredo do sucesso era o fato de que as runas não eram mais usadas como uma escrita utilitária; outro ponto é que uma mesma runa expressava mais sonoridades do que anteriormente. A presença dos três Aettir ou das três divisões permaneceu e manteve as runas originais como seus marcadores. Flowers aponta em suas obras que o Futhark Novo teve mais a ver com mestres rúnicos e sacerdotes do que com escribas ou gramáticos como no Futhark Antigo. Outra inovação foi o uso das runas como códigos militares ou comerciais. Existem mais runas e outros Futhark, e mesmo um Futhor, mas estes reservarei para trabalhos futuros.

A respeito de cristãos e pagãos na Escandinávia

O processo que envolveu a conversão dos pagãos em cristãos, na Escandinávia, não é tão bipolarizado e extremista como vemos na cultura pop. Houve conflitos, sim, de todos os tipos, mas é preciso entender alguns marcadores e pensar tudo isso de maneira mais abrangente e menos extremista do que vemos na cultura pop ocidental.

Nesse sentido, é interessante pensar nos escandinavos do passado e no seu cotidiano, no perene das paisagens e nas superstições (a fonte de toda magia) que viveram, bem como nas transformações ou trocas de pele que a tradição nórdica experimentou. É algo de feitiçaria, que vem de costumes da terra, enraizados nas necessidades do povo que a cultivou. Sobre isso, o autor Nigel Pennick diz: "*A magia praticada pelas pessoas comuns nos tempos pré-cristãos fazia parte da cultura cotidiana. Estava embutida nas habilidades práticas da vida cotidiana*".

Pode ser que nem existisse um termo específico para magia ou religião, era algo como um costume ou hábito. A Escandinávia pré-cristã era mais interessante e atraente do que pensamos.

Outro ponto que devemos considerar na apreciação da tradição escandinava é a influência católica e protestante e como esta modelou a sagacidade e a visão de seus praticantes. Neste ponto, é preciso segurar a onda, pois ambas se influenciam, se inspiram, se diluem e se misturam. Então, qualquer puritanismo dos tempos atuais, no sentido de ser o mais puro viking ou seguidor dos antigos costumes, precisa ser balizado pelo que houve na vida como ela acabou sendo naquelas terras através dos tempos.

Falamos de um intervalo de tempo bem longo, considerando que, do século 1 até o final dos tempos da Renascença (apenas uns 1400-1500 anos), tivemos uma era de encanto e encantamento, que passou pelos antigos costumes e pela chegada do Catolicismo aos fiordes.

Antes do catolicismo, em poucas palavras, tínhamos um povo no meio do qual predominava um culto e um relacionamento com os espíritos da natureza e os ancestrais. Mas segure a onda para não imaginar todo mundo como hippie, pois eles eram bastante ferozes e ríspidos no seu trato.

A figura do Trollrún, enquanto conjuro, rootworker e feitiçaria desenrolavam tudo isso. Seus praticantes eram nomeados como trollfolk, trollpeople ou ainda trollkunning — pessoas astutas que conheciam ou entendiam os trolls. Eram as tais pessoas que sabiam mais do que deveriam saber, no final das contas.

O culto aos deuses Aesir era mais restrito aos nobres e à elite, como vemos nas pesquisas acadêmicas de hoje, não sendo algo tão popular. E veja, isso vem desde antes do ano zero, se pararmos para pensar, e se alastrou por quase oito ou nove séculos da Era Comum (uns 800 ou 900 anos, para ser mais exato). Outra coisa que fascinava estes povos do norte eram as estrelas e a sua astrologia própria, tema que abordei ainda entre 2018 e 2019, no meu livro *Deus é um Dragão* (Penumbra Livros).

Nos tempos do chamado batismo da Escandinávia para o catolicismo, havia uma lei que permitia os costumes pagãos e seus cultos, desde que realizados na privacidade do lar e de maneira velada. O catolicismo era a religião oficial, mas os costumes e ritos antigos permaneciam nos lares e corações das pessoas. Os hábitos, os costumes e a moral se formam nos bandos e na vida como ela acaba sendo; afeto e desejo, realizados ou não, permanecem um problema se tomarmos um pensar pré-moderno.

O quanto isso atraiu de curiosidade ou de simpatia entre ambas as fés é um assunto vasto; um diálogo de correspondências entre ideias pagãs e cristãs. A chegada dos judeus às terras escandinavas e de sua cabala, dos alquimistas, do hermetismo e muitos outros são temas igualmente presentes e que ninguém parece abordar muito no Brasil. Estiveram lá e influenciaram bastante as coisas. Entretanto, é como se não existissem. Quando falo de tudo isso, sempre reparo em olhares estarrecidos e por vezes reprobatórios, como se isso ferisse profundamente o senso puritanista de alguns "tupiniviquinges" locais — mas cada um com seu fetiche, não é mesmo?

Acreditamos que o catolicismo e a tradição escandinava dialogam e convergem no culto aos ancestrais pelas preces aos santos, quando olhamos através do atacado. A prática das orações e o uso de uma língua barbárica — o Latim na visão dos escandinavos — eram como escutar uma pronúncia rúnica para eles. O mistério da transubstanciação recordava os Blöts e as libações, apelando para o senso de comunhão de todos os habitantes de uma região junto aos deuses. A figura dos santos certamente tinha lá seu apelo, enquanto vestiam seus deuses e mortos poderosos assim. O uso dos mesmos lugares sagrados dava uma impressão de sucessão, respeito e alguma continuidade. Dessa maneira, veremos nomes de santos, anjos e demônios figurarem posteriormente nas obras ligadas à magia por lá.

É interessante e levemente cruel pensar que, no momento que os Eddas foram escritos, entre os séculos 11 e 12, a chamada Era Viking já era uma lembrança, tal como as runas do Futhark Novo. Frisvold lança um ponto interessante: há algo de comum nos Eddas e nos escritos de Aristóteles ou nos atribuídos a Platão; era a disputa de sabedoria e saberes sempre presentes nos diálogos dos personagens. Esse traço poderia ser a raiz que levaria alguns pensadores daqueles tempos a especularem sobre uma tradição hiperbórea — esta consideração já é coisa do século 16 e do primeiro reavivamento rúnico, mas falaremos dele adiante, não se preocupe. Repare que nos anos 1500 já havia quase 400 anos que as runas e seu imaginário não eram mais algo predominante naquelas terras.

Ainda assim, tal período foi próspero em muitos sentidos, com a presença do Trolldom, do Seidr (ritos extáticos), de Gandr (bastões ou varinhas mágickas), de Blöt (brindes e libações ao Sagrado), das runas, dos chamados Livros Negros e do mítico Livro de São Cipriano. O culto aos ancestrais e espíritos da natureza se mantinha sempre velado, mas contínuo naqueles tempos, sempre mais pronunciado do que a adoração aos deuses Aesir e Vanir, ou ainda a certos Jotuns. Na realidade, é só mesmo no segundo reavivamento rúnico, em meados do século 19, que veremos o culto aos espíritos da natureza ser rebaixado na produção literária em favor do culto aos deuses e gigantes. A consequência disso foi o descarte da magia popular, ou Folk Magick, postada nos Eddas e outros escritos ou vivida na vida como ela acabava sendo, durante mais (bem mais) de 1600 anos — um evidente fruto de uma era desencantada! Se os termos primeiro e segundo reavivamento rúnico lhe confundem ou intrigam, vamos ler mais sobre isso em outro capítulo.

Mas agora retornaremos aos tempos que antecederam o primeiro reavivamento rúnico, quando tínhamos uma realidade com mais sabor e encanto. Notem que estou desenhando uma via para entendermos melhor o que aconteceu naquelas terras e com sua gente através dos tempos, para termos um contexto mais claro. Seguimos a jornada através do olhar de Frisvold, no livro *Trolrún*.

Outras obras que antecederam o primeiro reavivar rúnico e foram marcantes incluem *Os Livros de Fausto* (1587), que narram diversas aventuras do Dr. Fausto e seu parceiro, o demônio Mefistófeles, muito anteriores ao conto de Goethe e que se ramificam por todo o mundo escandinavo e germânico. Segundo o ocultista Gilberto de Lascariz, os antigos viam uma figura com os traços de Odin no demônio que acompanhava Fausto. A questão inescapável dos pactos e suas consequências nos remete à escola de magia faustina e seu tom venusiano que teve grande êxito nas regiões mencionadas.

Outra obra que encantava o imaginário escandinavo há bastante tempo, e que ganhou mais popularidade entre os séculos 16 e 18, era nada mais e nada menos do que o *Livro de São Cipriano*, conhecido por abordar a natureza dos pactos e suas consequências, algo muito comum nas sagas e relatos entre os tratos de deuses e homens. Seu êxito comercial e sua popularidade ocorriam por ser um livro barato e importado da França — seus incontáveis leitores apreciavam também os grimórios que vinham de lá. A tradição e a magia escandinava ganhavam um colorido e nuances únicas nesta ressonância entre o catolicismo e o seu paganismo — ou antigos costumes, como usado por alguns autores hoje.

Com a chegada dos 1500, temos a entrada do protestantismo e a saída do catolicismo da Escandinávia. Cerca de quase três décadas depois, a Dinamarca já era vista como território luterano, o que alterava toda a geopolítica local. O império mais poderoso influencia todos ao seu redor. Para eles, o Vaticano era a "Sinagoga de Satanás", por conta dos excessos, da ganância, da opulência e do seu envolvimento político. Entretanto, havia algo a mais neste sentido, por conta da própria visão reformista de Lutero sobre a doutrina, a fé e o que deveria ser o dogma e o credo cristão.

Iniciavam-se os tempos do chamado desencanto. Lutero atacou a superstição e a permissão de "magia legítima", presente na veneração dos mortos através dos santos. As sanções e condenações se alargaram como nunca, impondo o desencanto e o rompimento com uma natureza afetiva. Consideremos que, no cerne de suas práticas, a Igreja Católica era uma interpretação de costumes romanos, os quais incluíam, à sua maneira, o entendimento e a compreensão de espíritos da natureza ou dos elementos; abarcavam espíritos e divindades tutelares como anjos e santos; e mantinham costumes de veneração dos ancestrais por meio deles e de práticas específicas. O protestantismo era avesso a tudo isso.

Até hoje, vemos consequências disso nas páginas de muitos ocultistas do hemisfério norte, de criação protestante ou luterana, que abandonam sua religião, mas nunca a sua carência de mística e de mistério — e por mais tabelas que ofereçam, sua obra sempre permanece sem gosto e incompleta diante de leitores latinos e sul-americanos. Falta a eles a noção de Thule, enquanto limiar do mundo conhecido e o outro lado; igualmente ausente está sua habilidade para se lançarem, portanto, ao Utgard e o indomável.

Na obra *Trollrún*, Frisvold menciona a conclusão da tese de Emma Wilby: "A velha religião" era de fato uma referência ao cristianismo católico, já que este termo é usado no período de transição do catolicismo para os movimentos anglicanos e luteranos. O catolicismo — com suas orações encantadas, língua bárbara do latim, transubstanciação, culto aos mortos através dos santos, e apelação aos sentidos e emoções através de sua missa — certamente estaria em maior harmonia com o pensamento mágico escandinavo do que o luteranismo e sua iconoclastia e demonização das emoções a favor da razão.

A importância do destino (Wyrd & Orlog)

Não há nada maior do que a vida como ela acaba sendo para cada um. O Destino é muito mais sobre como expressamos e vivemos o que somos do que qualquer outra coisa. Entender as runas também diz respeito a muitas coisas, tais como sonhos lúcidos (ou não) que se organizam por afinidades; cada runa é um sonho e é infinita *per se*. Elas não são apenas escritas para monumentos ou recreação, são também selos, janelas e portas que marcam o que sintonizamos, o que predomina e o que atraímos, bem como seus enlaces com o "Outro Lado" e aonde isso pode (ou não) nos levar segundo nosso "jeitão" — ou Destino. É algo perene e que se desvela continuamente através de nossa vida.

A questão do Wyrd e do Orlog é importante aqui. Wyrd é a teia composta de incontáveis fios que liga tudo que existe, tecida pelas três Nornes com o fio que vem da deusa Frigga. Já o Orlog (Ur-Log) é a sorte ou Destino de alguém, uma mistura ou combinação de ambos. Forma-se através da nossa ancestralidade e das ações tomadas em vida pautadas pela virtude. Digamos que o Orlog se entrelaça na teia de Wyrd. Podemos entender o Orlog como nossa têmpera ou matéria-prima, que nos torna o que acabamos sendo, não o que outros esperavam ou ainda o que achávamos que devíamos ser, é o que dá nossa medida, na qual trabalhamos alquimicamente falando.

Parafraseando Johannes Bureus, é sobre quando a experiência de vida atravessa os mistérios na encruzilhada do próprio Destino — e a sabedoria que conquistamos disso —, seja no que se realiza ou no que não se realiza.

O que é Runologia

Runologia é o estudo dos alfabetos rúnicos, inscrições rúnicas e sua história. Ela forma um ramo especializado da linguística germânica e escandinava. Como nosso foco é voltado para uma noção de espiritualidade enquanto prática e percurso, bem como para a mística que vem dessas relações, preferimos runosofia — fica mais interessante.

A runologia é um estudo acadêmico e linguístico que faz parte dos estudos das línguas escandinavas, ou seja, seu foco é a linguística — e esta deve ser considerada e respeitada, afinal, também é o legado de muitos povos. Existem diversos alfabetos rúnicos através da Escandinávia e cada um tem seu uso, evolução, gramática, técnica, formato, nome e época. É preciso considerar e respeitar tudo isso. A runologia foi iniciada por Johannes Bureus, que estava muito interessado na linguística do nórdico antigo. No entanto, ele não olhou para as runas apenas como um alfabeto, mas sim como algo sagrado ou mágico.

Existe ainda uma runologia esotérica, a qual também forma uma área de conhecimento bem extensa, mais pragmática e deveras independente, que dialoga com outros campos do hermetismo, da alquimia, cabala, nigromancia e afins. Ela também se inicia e se organiza a partir do trabalho de Johannes Bureus e suas Adulrunas, nos anos 1600 em diante. Este deixou um legado genial e bastante complexo, estudado até os dias de hoje. Quando o assunto é runologia, inexiste uma autoridade exclusiva sobre o tema, pois há muitos vieses — alguns mais estruturados e outros mais dispersos. Os acadêmicos podem não gostar disso, mas eles também têm suas rachas e lacunas dificilmente solucionáveis.

O que é Runosofia

Runosofia é interpretada à primeira vista como "Sabedoria das Runas". Ela versa sobre a espreita e o entendimento de uma tradição, um pouco diferente da nossa, que é ocidental. Aqui, falamos do que se inicia do embate entre duas forças polares: Fogo e Gelo; de um redemoinho que nasce desse encontro. Assim, aos poucos, reinos e seres, suas relações e consequências vão se descortinando diante do observador — sendo recebidas, mediadas e mensuradas pelas chamadas runas.

Outro tópico importante é que, nesta tradição, os sacrifícios são de si para si; algo bem diferente do que temos em nossa cultura. E se engana quem acha que isso tem algo a ver com o papo pós-moderno de só acreditar em si mesmo (e outras presunções da pós-modernidade — isso é apenas ser um sem noção).

Não é tanto sobre se autoconhecer: é sobre se entender melhor diante de um contexto e daquilo que carrega e irradia, através do seu prado e suas tensões, algo maior do que certezas, ideias fixas e certas indulgências constantes para consigo mesmo. É sobre o seu lugar através da grande Árvore; alguns dirão que a runosofia é como um mapa ou blueprint de uma estrutura — cada cabeça uma sentença.

Algumas fontes originais para você se familiarizar

É bem conhecida hoje a importância das chamadas fontes originais na apreciação do imaginário e da religiosidade escandinava pré-cristianismo. Vamos dar um desconto, visto que boa parte delas e principalmente suas compilações datam do século 12 da Era Comum em diante, quase um século depois da chamada Era Viking. No meio acadêmico e dos leitores familiarizados com estes assuntos, discute-se muito sobre o quanto do que encontramos nos Eddas e, por extensão, no Codex Regius é realmente válido nesse sentido. Para nossa sorte, há confirmações em outros textos anteriores e posteriores. Para ambientar e aclimatar os leitores, seguem alguns comentários de textos antigos indispensáveis, e na bibliografia sugiro obras onde podem ser apreciados.

Hávamál

Hávamál, ou "Os Ditos de Hár", é um dos poemas da Edda Poética — também conhecida como Edda Antiga ou Edda Sæmundar —, uma coleção de poemas nórdicos antigos preservados no único exemplar medieval do manuscrito islandês Codex Regius, do século 13.

Com seus versos atribuídos a Odin, esse conjunto de poemas inclui elementos mitológicos e heroicos da tradição nórdica, como Völuspá, Grímnismál e Lokasenna, entre outros. O nome Edda Poética surgiu para diferenciá-la da Edda em Prosa, de Snorri Sturluson.

Em 1662, o manuscrito foi enviado ao rei Frederico III da Dinamarca, daí o nome Codex Regius ("Livro do Rei"). Foi preservado na Biblioteca Real da Dinamarca até 1971, quando foi levado de volta à Islândia. Atualmente, está no Instituto Árni Magnússon, em Reykjavik.

Grímnismál

Grímnismál, "A Balada de Grímnir", é um poema mitológico da Edda Poética, igualmente preservado no Codex Regius. O texto é narrado por Grímnir, um dos disfarces de Odin, e seu nome sugere "máscara" ou "capuz". O rei Geirröth torturou Odin, que vagava por ali disfarçado, resultando na morte do rei. Cair sobre a própria espada é o que chamo de ápice do humor obscuro, aliás. O poema usa o métrico ljóðaháttr, típico do verso de sabedoria — ainda mais interessante do que isso é que o próprio Odin menciona seus outros nomes ou qualidades, bem como os reinos da religiosidade escandinava pré-cristã.

Vafþrúðnismál

Vafþrúðnismál, "A Balada de Vafthrúdnir", é o terceiro poema da Edda Poética disponível no Codex Regius. O poema é uma conversa em verso entre Odin e sua esposa, Frigga — conhecida como quem sabe das coisas, mas não conta nada. Em seguida, disfarçado como Gagnrad, Odin é levado a um papo mais sério com o misterioso gigante Vaftrudener — filho de Ymir — e lá ambos se enfrentam em uma típica disputa de sabedoria escandinava.

Rígsþula

Rígsþula ou Rígsmál, "A Balada de Ríg", é um poema da Edda preservado no Codex Wormianus. Descreve o deus Ríg (ou Heimdall), pai das classes sociais humanas, ao menos na Escandinávia. Ríg gera os progenitores das três classes humanas; seu filho mais novo, Kon, é o primeiro rei verdadeiro. Vemos um pouco deste poema na atmosfera da runa Mannaz.

Alvíssmál

Alvíssmál, "A Balada de Alvís", relata uma conversa entre Thor e o anão Alvis, que reivindica a filha de Thor como noiva. Este exige que o pretendente responda a todas as suas perguntas. Embora Alvis consiga responder, ele se transforma em pedra ao amanhecer, quando os raios do sol o atingem. É uma das raríssimas histórias em que o deus trovejante vence no verbo e não na violência.

Saga dos Inglingos

A Saga dos Inglingos, (supostamente) escrita em nórdico antigo por Snorri Sturluson no século 13, faz parte da obra Heimskringla. Narra a história da Casa dos Inglingos, incluindo a listagem de 30 reis, desde os mitológicos até os possivelmente históricos. A saga descreve a chegada dos deuses nórdicos à Escandinávia e como o deus Frey fundou a dinastia inglinga em Uppsala, na atual Suécia.

MISTÉRIOS ESCANDINAVOS

A ideia principal, aqui, é situar os leitores menos acostumados com a tradição escandinava e apontar alguns dos mitos mais populares e mais presentes na lida com as runas. Escolhi comentar alguns dos meus preferidos e ainda deixar alguns olhares e impressões sobre cada um dos que me parecem relevantes. No entanto, recomendo a leitura de fontes primárias como os Eddas e as Sagas, assim como boas obras do contexto, as quais são fundamentais para todos que enveredam por estes caminhos. Vamos iniciar falando de alguns temas recorrentes, mas com um olhar mais ferino.

Um pouco sobre o início de tudo

Do contato entre as chamas infindáveis de Muspelheim e o gelo sem fim de Niflheim, passou a existir um redemoinho ou vórtice sem fim chamado Ginnungagap, de onde, aos poucos, viria tudo que existiu, existe ou ainda virá a existir.

Os primeiros seres conhecidos são o gigante Ymir (apresentado como hermafrodita, por alguns, ou ainda bicéfalo, por outros) e a vaca Audhumbla. Ambos surgiram distantes um do outro e levaram um tempo vagando através do vazio até se encontrarem. Ela fornece o leite e os nutrientes que alimentam o titã. Enquanto repousava das suas andanças sem fim, a vaca lambeu os blocos de gelo e, aos poucos (sem querer), descongelou outros seres que dariam fim ao gigante, colocando o Destino em movimento. Mas este não partiu sem deixar a raça dos Jotun como sua descendência titânica, nascidos das gotas de suor dele.

Buri foi um destes seres descongelados inesperadamente pela vaca Audhumbla. Ele é o ancestral dos deuses Aesir, ao se casar com uma das filhas de Ymir. Muito tempo depois, deste casal nasceu Bórr; e, dos gigantes, uma mulher chamada Bestla. Estes dois também se casariam e dariam origem ao vasto panteão dos deuses Aesir e de inimigos jurados dos incontáveis gigantes. Desta linhagem nasceram Odin e seus irmãos Vili e Vé, que deram um fim a Ymir, cuja carcaça e muitas partes devidamente trituradas no moinho cósmico serviram para criar o seu novo mundo: Midgard, belo, mas instável, como lemos anteriormente. Tal jardim é colocado no centro dos reinos. O resultado disso foi uma eterna contenda e um relacionamento inquieto com os gigantes e outros seres; tudo tinha seu contraste para ter movimento.

Ainda que morto, novos seres brotaram das partes de Ymir que compunham o novo mundo, como os elfos e os anões, entre outros. Enquanto isso, os deuses se ocupavam da sua criação com esmero e dedicação. Para cada ser e cada coisa havia um lugar e responsabilidades a serem assumidas através dos nove reinos.

A chegada dos humanos

Certa feita, Odin, Vili e Vé (também chamados de Odin, Höner e Lodur, na Völuspá) perambulavam através da sua criação e encontraram dois troncos de árvore chamados de Ask e Embla. Na sua generosidade divina, cada deus concedeu um dom ao casal: o sopro da vida foi dado por Odin; compreensão e movimento foram entregues por Höner; sentidos e emoção foram oferecidos por Lodur. Ambos os troncos ganharam vida e se tornaram os ancestrais de todos os humanos. Assim, é possível concluir que os humanos não foram criados pelos deuses, mas passaram a existir de maneira incidental e ao acaso, pela generosidade deles.

Ecossistema

A tradição escandinava e a germânica inspiram e influenciam nosso imaginário, reforçando a importância da lida com a natureza e com o fato de ainda sermos mamíferos, e de que nossas reações são mais afetivas do que racionais.

Nesse sentido, a força e a vulnerabilidade de Yggdrasil, enquanto a árvore do mundo, destacam o impacto humano na natureza ao redor. O que prospera demais prejudica, o que nutre, em certa medida, destrói. Ela integra e conecta todos os reinos daqui, dos mortos, dos gigantes e outros. É um reino natural que existe, mas não pode ser dado como certo no futuro; ele pode ou não sobreviver ao que seus habitantes realizam nele.

Algo muito mais interessante que a tradição abraâmica cheia de inundações, pragas, pestilências e ira do seu Deus, não é mesmo?

A fama pela eternidade

A noção escandinava de Valhalla, um lugar onde reside a alma dos bravos, esperando pela batalha final no Ragnarök, é sobre a sua fama em vida perdurar pela eternidade — junto de Odin e das Valquírias, em prados e um palácio fabuloso. A fama era a única maneira de sobreviver à morte, no final das contas; ela consistia nos 15 minutos de fama daqueles povos.

A oposição entre Valhalla e Hel é uma disputa que vem de textos do medievo. Ela é o hall da fama para quem morreu em batalha, coisa de uma sociedade de natureza heroica — algo em falta na contemporaneidade, como vemos na vida como ela acaba sendo.

Repare como até hoje ainda falamos de Valhalla, por bem mais de um milênio. É notável que, durante o século 19, tempos da unificação da Alemanha, a ideia de Valhalla rendeu a construção de um templo de mesmo nome em Regensburg, onde celebraram heróis pangermânicos visando à unificação alemã. Na mesma época, foi criado um museu no Reino Unido dedicado a Valhalla, para resgatar e preservar figuras que adornavam proas de navios naufragados nos arredores.

Valhalla ainda figura na célebre ópera O Anel do Nibelungo, de Richard Wagner, e em incontáveis pinturas daquele tempo. Nos anos 1970 em diante, ela é mencionada nas músicas de Jethro Tull e Led Zeppelin; décadas depois, figura nas músicas das bandas Therion, Amon Amarth e muitas outras.

O tal do inevitável

Do medievo escandinavo herdamos a ideia do Ragnarök, notavelmente inspirado no apocalipse dos cristãos. Não há segredo em relação a isso. Basicamente, consiste no enfrentamento final dos deuses e gigantes, entre outros seres, e o mundo é consumido pelo fogo e o gelo. A consequência mais óbvia é que a antiga geração dos deuses morreu heroicamente junto com todos os guerreiros do Valhalla, isso é inevitável. É a promessa de que todos morrem juntos no final, mas novos deuses sobrevivem e há um mundo posterior — mas, como é da natureza escandinava, fica a questão decisiva: será um mundo melhor do que o anterior? Os novos deuses virão com visões e posturas nunca experimentadas na tradição, nos hábitos e costumes, e isso deixa o que pensar.

A busca pela sabedoria

Odin, o pai de todos, é um deus da guerra, da poesia, das runas, da magia e dos mortos, além de ser um adorável trapaceiro, mais cruel e sagaz que muitos de seus oponentes. No entanto, falta-lhe a onisciência. Nesse sentido, ele conta com aliados e espólios que conquista em suas constantes andanças, disfarçado, através dos nove reinos — sempre pagando um preço, muitas vezes alto, por cada um deles.

O invencível perdeu um olho para beber da fonte de Urd, que continha as águas da sabedoria. Para conquistar as runas, passou nove dias dependurado na árvore do mundo, trespassado por sua lança. Isso sem falar em suas façanhas amorosas e nas mulheres, deusas e gigantes das quais tirou vantagem em diversas circunstâncias.

De certa maneira, Odin nos educa sobre a nossa contínua necessidade de continuar aprendendo, espreitando e tirando lições dos resultados de nossas ações — além de manter um senso de humor próprio. Acredito que a ironia seja um de seus métodos favoritos, raspando as camadas mais superficiais do ego de cada um, até vir à tona o que não queremos saber que também carregamos no peito.

Autores contemporâneos como Carolyne Larrington, na obra *The Norse Myths that Shape the Way we Think*, apontam que Odin modela a maneira como pensamos em aprender continuamente, ao mesmo tempo que atua como uma força patriarcal a ser deixada de lado — como visto na política atual.

O papel de Loki

O traço mais emblemático de Loki é ser irmão de sangue de Odin, além de inexistir o ato de oferecer um Blöt para este sem beber junto. Eu realmente me apego a essa ideia e a considero interessante. Seu atributo de imprevisibilidade e o tom indomável de sua postura o fazem ganhar espaço, tal como um raio que cai na relva seca e inicia um incêndio florestal. Esta é a sabedoria e a força de Loki — ainda que não seja um deus ou espírito ígneo, ele fica à vontade em todos os elementos. Saber isso não o torna compreensível ou conhecido para nós.

No trato social, vemos tal força se expressar enquanto catalisadora de intrigas e tragédias, mas também como força motivadora, testando e mensurando a habilidade e a dimensão dos heróis e protagonistas — Loki é um agente de movimento, se olharmos de maneira mais branda e generosa. É uma mistura de astúcia e travessura, com uma certa maldade que lhe é natural, assim como a malícia que vem de tudo isso — embora não haja uma permanência dele na maldade ou perversidade, como insistiram os medievos que lhe compararam a Lúcifer. Ambiguidade e ambivalência são caras na criatividade e nas consequências boas ou nefastas que vêm dela. Ele traz o fogo aos humanos, a Téchne, ou Técnica, e colhemos suas consequências.

Era um deus apreciado nos relatos em torno da fogueira, por conta de suas peripécias e trapaças. Ele ensina pela farsa e pelo disfarce; brincadeiras e armadilhas são do seu amplo repertório, onde é um mestre invencível. É o pai de Hel, Jörmungandr e Fenrir, e talvez a mãe equina de Sleipnir, como narram alguns mitos, dados os seus poderes de metamorfose. Seu final trágico, que decorre de uma maldição lançada sobre ele por roubar o ouro dos Nibelungos, consiste em ser aprisionado até o Ragnarök em cenário agônico, onde o veneno de uma serpente recai continuamente em gotas ardentes sobre seus olhos.

Seu oposto nos mitos é o onisciente deus Heimdall. Logo, vejo Loki como a natureza, sempre inventando maneiras criativas de saborear aquilo a que deu a vida. Isso dá um tom de paródia aos poderes divinos, um contrapeso, uma contramedida, mas sem necessariamente ser uma força de oposição, como muitos dos gigantes. É algo como uma chama negra que projeta imagens profundas e da vida uterina no inconsciente, tal como os imperativos de cada um — os vícios e pulsões da natureza humana, quem sabe.

Loki é aquilo que quiser, mas tem bom gosto quando lhe convém, é galante e encantador.

E o masculino, como fica?

O imaginário dado ao papel do masculino é contrastante. Há um herói aventureiro, atlético, loiro ou ruivo que empreende, faz comércio, escreve poesia, cultua os ancestrais, escreve poesias e vive a gravar runas — sempre taciturno com a inconstância do amanhã. Do outro lado, há um bárbaro semelhante a um berserker, que estupra, saqueia e destrói todos à sua frente. Um meio-termo parece ausente, olhando no atacado e também na hora de fechar a conta, embora (felizmente) predomine o tom heroico.

O segundo reavivamento rúnico foi especialmente generoso com a figura do aventureiro, mas logo tudo isso descambou para nacionalismos extremados e doutrinas complicadas e inquietantes de superioridade étnica, por exemplo. Nos tempos que vivemos hoje, do terceiro reavivamento rúnico, vemos consequências disso em grupos extremistas e que simpatizam com a extrema direita. Isso leva à postura infame de que as mulheres "devem conhecer seu lugar", o que destoa bastante de uma visão histórica do passado escandinavo. Então, há algo nisso tudo que não é irrelevante.

Da minha parte, escrevendo de uma das muitas ondas do terceiro reavivamento rúnico, penso que a figura dos guerreiros vikings, a qual inspira a todos nós, deve ser muito melhor do que a oferecida no reavivamento anterior — e deve abarcar também as mulheres enquanto guerreiras e damas do escudo. A natureza, o verde e o mundo sempre foram a respeito de um mundo feminino também habitado por homens — um tema inescapável desde que o mundo é mundo.

Quanto à minha sugestão de postura aos guerreiros e guerreiras, serei otimista para ser realista. Deve ser uma postura mais silenciosa, que não anuncia as virtudes que carrega, que não se ressente e deixa as frustrações serem temporárias, nunca algo para culpar tudo e todos por sua frustração e infortúnio. Ela deve incluir, sim, a ferocidade e a fúria heroica, mas com as rédeas que permitem nortear e direcionar, pautadas por um certo pudor, modéstia e noção de honra pessoal, abarcando a coragem e a abertura ao amor. Ela sustenta e lida com a ânsia e as baixas que enfrentamos continuamente, sem se render nem a uma e tampouco a outra. E ela poderia considerar o outro enquanto promessa, e não algo a ser demonizado ou eliminado.

Não convém a Thor ser alguém que espanca outros ao invés de questionar — é sobre proteger os mais fracos e manter a palavra; é sobre encarar as brigas quando elas surgem e não meramente procurar encrenca gratuitamente. Isso também não é sobre se sacrificar por todos ou apenas oferecer a outra face; é sobre ter a coragem de denunciar, enfrentar e reparar as injustiças.

Tyr e o Lobo Fenrir

O lobo Fenrir era um dos filhos de Loki e, segundo os oráculos, isso era prenúncio da desgraça que cairia sobre todos. Era um lobo imensamente poderoso, tanto que os deuses inventaram um jogo em que ele teria de provar sua força e sair das correntes que o prendiam. Sem nenhuma modéstia, ele se libertou.

Os deuses pediram aos anões por correntes indestrutíveis e foram atendidos com as Gleipnir, que pareciam tiras de seda.

Um novo jogo foi proposto, agora em uma ilha deserta, nas profundezas de uma caverna. No entanto, além de forte, o lobo era sábio. Ele percebeu o ardil e ofereceu uma contraproposta aos deuses. Ele toparia o jogo, mas um dos deuses ficaria com a mão direita em suas pavorosas e afiadas mandíbulas. Assim, coube ao deus Tyr colocar a mão na boca do animal enquanto era conduzido à ilha e posteriormente à caverna.

Em certo momento, o lobo percebeu que a corrente, embora parecesse de seda, diferentemente da anterior, era indestrutível, e que ele jamais seria libertado. Então, ele devorou a mão de Tyr. De certa forma, os deuses venceram e aprisionaram o lobo, no entanto Tyr perdeu sua mão direita. O lobo será liberto no Ragnarök, de acordo com este mito que versa sobre um sucesso temporário.

Freya e o colar Brisingamen

Freya é uma deusa de atributos venusianos; opulência, sensualidade e a luminosidade do ouro são de sua natureza, assim como é uma deusa feiticeira primeva e indispensável. É a criadora do Sejdr por excelência, versada nas runas antes de Odin — mas há controvérsias sobre isso. A mais gloriosa e brilhante das deusas — Freya era descrita assim nos Edda. Ela rege o Amor e a Guerra, a fertilidade, magia e morte — tal como Odin —, e não hesita em usar o sexo para realizar seus propósitos. Isso nos leva a uma de suas histórias mais conhecidas.

Falamos do colar Brisingamen, fervoroso e brilhante, que podia ser usado no pescoço ou se modelar como cinta ou corpete, segundo a vontade da dona. Freya se encantou ao vislumbrar tal peça, a ponto de se deitar com quatro anões por quatro noites, os quais simbolizavam as quatro direções cardeais do mundo, para tomar posse do colar. Seu poder se tornou ainda maior e atraiu a inveja de Odin, que ordenou a Loki que o roubasse. O trapaceiro se metamorfoseou em pulga, mordeu o pescoço da deusa enquanto ela dormia e roubou a valorosa peça dourada. A partir deste momento, tal mito apresenta algumas variações na maneira como é contado, mas em todas o colar é devolvido à deusa após ela realizar algumas concessões a Odin.

Uma dessas variáveis recorda uma explicação para o ciclo das estações. Loki se esconde com Brisingamen em domínios dos mortos. Enquanto isso, a deusa e toda a criação se entristecem e amargam tempos escuros — dizem que isso durou seis meses. Coube a Heimdall ir atrás de Loki e sobrepujá-lo, devolvendo o colar a Freya e a alegria e a vida ao mundo. Então, nesta variação do mito, o colar tem guarda compartilhada. Por seis meses, gélidos e noturnos, o colar era de Loki; nos seis meses quentes e mais claros, era de Freya.

Nesse sentido dos mitos das estações, também se conta que Freya vivia a buscar seu marido, o deus Odur, tal como é a jornada do sol, todos os dias e através dos ciclos das estações; era conhecida como Mardöll, era o brilho do sol na água do mar ao poente. Com seu manto de penas, transmutou-se num poderoso falcão, para buscar o mistério do voo espiritual e sair no astral.

A deusa também regia as Disir (divindades femininas) e as Valquírias, em sua corte. Conta-se que ela iniciou Odin (disfarçado de mulher) na poderosa magia do Sejdr.

OS NOVE REINOS

Existem nove runas cujas formas não conseguimos inverter; elas são chamadas de imutáveis e correspondem aos famosos nove reinos do imaginário escandinavo. Agora, vamos entender um pouco melhor estes mundos e suas runas correspondentes.

Niflheim

Niflheim é conhecido como o mais sombrio e frio dos nove reinos, sendo descrito como um mundo gelado e cheio de trevas. O poço Hvergelmir, protegido pelo dragão Nidhogg, é a fonte de todos os rios frios e a origem de toda a vida. Este reino é governado por Hel, filha de Loki, metade viva e metade morta, que julga as almas dos mortos. Niflheim abriga monstros como Nidhogg, o lobo Fenrir e a serpente Jörmungandr. Era visto como um lugar sagrado pelos nórdicos, para onde alguns mortos eram levados e os deuses viajavam para obter sabedoria.

Tal domínio simboliza a dualidade da vida e da morte, representando o ciclo natural da existência. Era visto como um lugar de purificação para as almas dos mortos. Acreditava-se que a morte era uma passagem para uma nova existência. Além de um lugar de escuridão e morte, também era um lugar de poder e mistério, onde magia e conhecimento eram acessíveis.

Contrastando com Muspelheim, o reino dos deuses, Niflheim é essencial para o equilíbrio do universo nórdico. É regido pela runa Isa.

Nas consultas oraculares com as runas, pode representar a casa das forças, que desacelera o fluxo dos acontecimentos e traz novamente o foco.

Muspelheim

Muspelheim, também conhecido como Múspellsheimr, é o reino do fogo e calor extremo. É habitado pelos gigantes de fogo e liderado por Surtur, um dos seres mais poderosos de todo o universo. É um lugar de destruição e caos, com lava fervente e chamas vorazes e incessantes por toda parte.

Assim como Niflheim — o reino do gelo e seu oposto —, Muspelheim também veio diretamente dos eventos cataclísmicos do Ginnungagap. Deste encontro do calor e do frio, tudo veio a existir. Suas tags são fogo, destruição, criação e forja, sendo um elemento crucial e fascinante da mitologia escandinava.

Seus mitos estão à sua altura. Surtur parte deste reino para incendiar toda a Yggdrasil, no ápice dos eventos do Ragnarök. Ao mesmo tempo, é o lugar onde Sindri, o deus forjador dos anões, cria armas lendárias como Mjolnir, para Thor, e a lança Gungnir, para Odin. É regido pela runa Sowilo, vibrante como a espada de Surtur.

Nas consultas oraculares com as runas, pode representar a casa das forças dinâmicas, ativas e vigorosas, sempre ocultas, simbolizando uma força de expansão que projeta alguém para frente e para fora, entendendo o que predomina em si e irradiando tal força para o mundo.

Asgard

Asgard, onde vivem os deuses imortais, é o mais importante dos nove mundos. Governado por Odin, o líder dos Aesir, e sua esposa, Frigga, também é a morada de Thor, Loki, Balder e Heimdall. É um lugar belo e majestoso, repleto de rios cristalinos, montanhas elevadas e castelos grandiosos. Seus prados abrigam anões, elfos e gigantes. Seu acesso mais conhecido é por meio da ponte Bifrost, que se assemelha a um arco-íris e é vigiada por Heimdall, de cuja visão e audição nada escapa. É regido pela runa Gebo, a encruzilhada entre os homens e os deuses, os presentes trocados, os acordos e pactos feitos como o centro do universo.

Nas consultas oraculares com as runas, pode representar a casa das metas, dos planos de longo prazo, dos objetivos.

Midgard

Midgard, ou "Jardim do Meio", ou até mesmo "Terra Média", como diriam alguns entusiastas de Tolkien, foi criado da carcaça do gigante Ymir pelos deuses Aesir, como contam os mitos. É um lugar de desafios constantes, onde o pálido equilíbrio sempre se vê ameaçado por seres fantásticos ou mesmo pela natureza humana dos seus moradores, filhos de Ask e Embla.

Neste domínio, temos o nosso mundo e a nossa realidade, a natureza e todo o ecossistema; é o nosso solo, o qual defendemos com todas as forças, e onde os deuses intervêm e auxiliam ou amaldiçoam. É regido pela runa Jera, marcando os ciclos sem fim, as idas e vindas das estações do ano.

Nas consultas oraculares com as runas, pode representar a casa de quem busca o aconselhamento, seja você ou seu consulente, marcando o momento presente e atual, ou ainda o tom e a natureza da questão que há de ser levada a cabo.

Jotunheim

Mais conhecido como a terra dos gigantes chamados de Jotun no velho norte, Jotunheim é um domínio inóspito, repleto de montanhas, geleiras e rios caudalosos. Seus habitantes vivem da caça e da pesca, pois não é uma terra fértil. A disputa sem fim entre deuses e gigantes é tecida em diversas camadas e nuances, havendo descendentes de ambos, de todas as filiações e vínculos imagináveis. Dada a temida reputação deste reino, ele ainda é um lugar de riqueza e fertilidade, bem como da força que oferece o contraste necessário para manter o equilíbrio do universo. É regido pela runa Naudhiz, coisa das forças que resistem ao cosmo e à ordem dos deuses; tem a ver com caos, necessidade e sabedoria. As fontes de Mímir e Urd têm a sua intimidade entre elas.

Nas consultas oraculares com as runas, pode representar a casa daquilo que corre em segundo plano, como memórias, afetos e pensamentos invasivos. É sobre contexto e antecedentes — seus, do consulente ou da questão a se resolver.

Vanaheim

Vanaheim é o prado dos Vanir, uma importante linhagem de deuses que, muitas vezes, são retratados como deuses da agricultura, anteriores à chegada dos indo-europeus ao norte escandinavo. Seu reino é de uma beleza exuberante e viçosa, vasto em florestas, jardins e rios. A atmosfera é de fertilidade, sabedoria, agricultura e cura. É o lar de Frey e Freyja, descendentes de Njord, deus dos mares. As palavras-chave são fertilidade, conexão e paz. É regido pela runa Ingwaz, afinal de contas, Frey também era conhecido como Ing, e é ele que rege esta terra abençoada.

Nas consultas oraculares com as runas, pode representar a casa dos companheiros, dos relacionamentos e do que está em volta de você ou do consulente. Pode servir como um diálogo com sua Fylgja (falamos dela em outro capítulo, nas partes da alma). Também pode servir como uma casa para se falar de questões sexuais variadas. É possível extrair impressões da colheita ou daquilo que virá; as sementes sempre são plantadas no passado.

Ljósálfheim

Também conhecido como Ljósálfar ou Ljusalfheim, é um domínio situado no alto de Yggdrasil, lembrado pela luminosidade, pelo tom dourado de suas árvores e pelos vastos prados verdes. Conta-se que o reino passou a existir das sobrancelhas do gigante Ymir. É o lar dos elfos claros, descritos como seres brilhantes e de vasta habilidade na manipulação da luz e na criação de ilusões. Além de artesãos esmerados, são conhecidos por acolher e auxiliar humanos em suas buscas e lutas. Este reino é regido pela runa Dagaz, da claridade e do feérico.

Nas consultas oraculares com as runas, pode representar a casa das coisas ligadas ao tempo, ao espaço e à razão que atua (apenas) sobre ambos. Versa sobre o mapa intelectual, os padrões de pensar, suas concepções e visões de mundo, além de um certo pragmatismo.

Svartalfheim

Estes são os domínios dos enigmáticos elfos escuros, um lugar de profundezas e corredores sóbrios e saturninos. Tal como o nosso inconsciente, estão sempre em movimento, forjando e criando — e aí reside sua força. A natureza destes seres oscila entre o perigoso e o pacífico. As visitas e os acessos a este lugar também são ásperos, conflituosos e difíceis, como é da natureza destas regiões não feitas para humanos. O que é criado aqui é dotado de grande poder e força, mas é igualmente perigoso, pois desequilibra ou evidencia a idealização dos vivos. É regido pela runa Eihwaz, coisa de brutos e indispensáveis, tal como aquilo que é das raízes, aquilo que realmente importa.

Nas consultas oraculares com as runas, pode representar a casa dos sentimentos, dos motivos e daquilo que lhe conduz e que predomina no seu afetivo. Pode ser usada para entender a persona que você modela ou conduz através do mundo — ou mesmo para trabalhos com "personas mágickas".

Helheim

Este é o reino dos mortos dos mitos escandinavos, geralmente para os que não morreram em batalhas. É o domínio da deusa Hel, filha de Loki e da giganta Angrboda. Lugar de vales profundos, frio e desolado como suas florestas, é atravessado pelo rio Gjöll em quase toda sua extensão. O termo "hel" é associado ao *hell* dos ingleses, no sentido de inferno, mas para o norueguês o termo conota algo sagrado, assim como o nome da sua deusa regente. Sem dúvida, é um lugar de provações, ordálias e grande sabedoria — o próprio deus Odin desceu lá em busca de tudo isso para ganhar domínio sobre a vida e a morte. Há revelações contidas apenas e exclusivamente nestas terras para os mais bravos, o que demonstra que é um lugar de aprendizado e transformação espiritual.

Helheim é, contudo, uma parte essencial do ciclo de vida e morte, representando renascimento e regeneração. Alguns mitos sugerem que os mortos, em Helheim, podem ser liberados para um novo ciclo da vida. A morte, portanto, não é um fim definitivo, mas uma transformação necessária. Especula-se que, inclusive, é possível ser liberado para uma nova vida depois de atravessar este domínio e aprender as lições necessárias. Sofrimento e redenção estão envolvidos neste percurso. Helheim oferece um presságio de continuidade após a escuridão e a desolação, bem como de isolamento de seus habitantes. Regido pela runa Hagalaz, contém o segredo de todas as runas, tal como o granizo e a neve que vêm do altíssimo.

Nas consultas oraculares com as runas, pode representar a casa do inconsciente profundo, dos medos, traumas de tempos uterinos, sonhos, imperativos e tudo que é oculto e velado.

QUESTÕES DE MÍSTICA

Entre os pontos que não podem faltar ou ser desconsiderados em uma obra sobre runas e a tradição escandinava, está a presença da mística como aquilo que vem do êxtase e do repouso da espiritualidade enquanto disciplina, prática e percurso (sempre de tons sufocantes). Neste capítulo, vamos com algumas considerações sobre numerologia, cores, as nossas muitas almas e práticas como Utseta e Sejdr.

Numerologia

Os números exercem influência e inspiração no imaginário e na mística escandinava, tal como o fazem na Qabalah, no platonismo e no pitagorismo, indicando, à sua maneira, como o mundo foi feito e até mesmo as estruturas básicas da mente. A mitologia escandinava é sempre composta por tríades, como vemos em Vili, Vé e Odin (Tríade de Origem); Urd, Verdandi e Skuld (Tríade da Existência); Hel, Jörmungandr e Fenrir (Tríade da Destruição); e todas elas podem ser entremeadas por um triângulo triplo (o tal do Valknut). Os números essenciais se baseiam nestas tríades.

Thomas Karlsson nos conta que há 3x3 mundos; Odin permanece nove noites dependurado em Yggdrasil para conquistar o poder das runas e recebe 18 canções de poder (2x9). A partir de dois opostos sempre nasce um terceiro; duas coisas se reúnem para formar uma terceira. Vemos a presença disso tudo no pensamento hegeliano de tese, antítese e síntese. Vamos falar brevemente sobre os números e seus significados.

1. É atribuído a Yggdrasil, ou o pilar do mundo; não é tão importante quanto no hermetismo ou nas religiões abraâmicas.
2. Existem dois polos: Fogo e Gelo, Niflheim e Muspelheim, e entre eles se forma o grande vórtice Ginnungagap, de onde tudo vem. O gigante Ymir nasce deles com o intuito de cindir e separar, como vimos anteriormente. Temos ainda a Águia e o dragão Nidhogg; os dois corvos e os dois lobos que acompanham Odin. Além disso, temos o mistério de Odin e Loki como uma dupla mágicka, complementares um ao outro.
3. Faz as vezes do número cardinal, o movimento sem fim de todo o universo — apreciadores de Hegel e sua tese-antítese-síntese vão ao delírio. Aqui, pensamos nas tríades de que falamos no início deste tópico; no caso dos deuses, são eles que doam as qualidades da alma aos troncos de madeira (Ask e Embla). A fundação das runas e as canções de poder estão amparadas e recebem o alento do três.
4. É o número da ordem, do ciclo, da roda solar e da jornada do sol através dos céus — símbolos atribuídos a Thor e seu combate sem fim às forças do caos e aos gigantes, para manter a ordem. A suástica dos hindus é especialmente cara nestas representações. O mundo é sustentado por quatro anões cardeais, que também são os quatro cantos do mundo; seu par oposto e destrutivo são os quatro veados que devoram os brotos de Yggdrasil.
5. Representa o tempo. Entre os germânicos, por exemplo, a semana era de cinco dias, chamada de Fimmt. Posteriormente, o pentagrama (estrela de cinco pontas) foi reunido ao imaginário escandinavo e servia à simbologia deste número.

6. É o número do espaço, representando as seis direções para os escandinavos: o alto, o embaixo, norte, sul, leste e oeste.
7. Era o número do Outro Lado, atribuído à mística ponte Bifrost, que interligava os acessos aos nove reinos — embora haja uma discordância entre o fato de o arco-íris possuir sete cores ou apenas três, o que é um dilema de longa data por lá.
8. Representa a ordem comum das runas do Futhark Antigo — cada Aettir era composto por oito runas, na Escandinávia. No entanto, isso não pode ou deve ser tomado como uma regra fixa, pois, ao longo da história, tivemos Futharks com maior número de runas.
9. É o número mais importante dos escandinavos, pois representa o total: nove mundos (e dizem que no submundo existem mais nove). Odin fica dependurado em Yggdrasil por nove noites; na saga dos Yngling, o mesmo deus era dotado de nove habilidades especiais; a soma das tríades forma o Valknut e representa a completude de Odin e do número nove.

As cores

Como dissemos anteriormente, a apreciação das runas desvela outras maneiras de ver e sentir o mundo, em diversos sentidos e camadas. Seria indelicado da minha parte não dedicar ao menos um tópico às cores e a essa antiga tradição. A escala de cores escandinava, ao menos para fins mágickos, é composta por nove cores, como era de se esperar — cada uma atribuída a um dos nove mundos.

As cores primárias

Vermelho é atribuído ao reino de Svartalfheim, representando força, poder, instintos, pulsões, potência; o ferro e toda a ferraria.

Amarelo é do reino Ljusalfheim, pertencente às coisas do intelecto, iluminação, clareza e comunicação assertiva e magnética.

Azul é do reino de Jotunheim, coisa dos gigantes, da água que verte na fonte de Mímir, da memória e dos sonhos de outros tempos.

Outras cores

Verde é do reino de Vanaheim, daquilo que é viçoso, refrescante, fértil e florescente.

O preto e o branco: a cor preta, atribuída a Niflheim, concentra absolutamente toda a força; os buracos negros através da galáxia, a morte e o frio absoluto são associados e representados aqui. É a escuridão do útero, ou do caixão, o portador da vida e da luz oculta; o potencial para tudo que existe.

A cor branca é de Muspelheim, representando a energia pura, a força total, irrestrita e ilimitada que se irradia e transmite, se derrama sobre tudo sempre, em uma expansão sem fim.

Dourado e prateado: a cor dourada, de Asgard por excelência, aproxima-nos do poder divino e celeste dos Aesir. Com majestosidade, poder e autoridade, expressa a força do sol e dos seus raios por todo o azul celeste.

A cor prata é de Helheim, do luar, das estrelas. É a cor de toda luz que se derrama, ainda que torpe, através da noite. Expressa o poder dos limiares e da bruxaria, dos sonhos, devaneios e, claro, das alucinações e delírios.

Marrom, a cor de Midgard: a cor marrom é do solo, da terra e do que nos dá a vida e, por consequência, a devora de maneira igualmente criativa, de várias formas. É a cor da decomposição ou do retorno à mãe terra, por extensão. Tem o sentido da nutrição e da estabilidade.

As muitas almas de cada um

Para a espiritualidade escandinava, o limiar entre a alma e o corpo é bastante difuso e indeterminado. Uma leitura mais apurada dos mitos amplia bastante essa percepção sobre o passado nortenho. A literatura contemporânea especula sobre nove partes da alma com razoável aceitação e, destas, pelo menos sete estão conectadas a alguns dos reinos de Yggdrasil.

Naturalmente trata-se de Niflheim e Muspelheim, os reinos Thurses, por expressarem os extremos do fogo e do gelo. Como os sete mundos representam tudo que existe entre os extremos, também expressam os ingredientes daquilo que forma nossa têmpera e natureza humana. Vale pontuar que os humanos já existiam em potencial como duas árvores em seus mitos, ou seja, não foram criados pelos deuses — apenas receberam os dons de Odin, Höner e Lodur, como lemos na Völuspá.

Os dons recebidos foram a vida e o sopro, de Odin; a compreensão e o movimento, de Höner; os sentidos e as emoções, de Lodur. Dessa maneira, as toras de madeira conceberam a forma física nesta realidade. Podemos ler, aqui, os quatro mundos, ou ainda os quatro níveis mais comuns e recorrentes do ocultismo ocidental:

- A dádiva de Odin é o nível espiritual: vida e respiração
- A dádiva de Höner é o nível mental: compreensão e movimento
- A dádiva de Lodur é o nível astral: sentidos e percepção
- A dádiva de Ask e Embla é o nível físico: a realidade comum

Assim, as formas ligadas aos reinos que existem entre o Fogo e o Gelo podem ser expressas, de acordo com a maneira mais comum, nas seguintes camadas:

Lik: o corpo físico ou material de cada um aqui em Midgard, o corpo sem os demais aspectos — quase um cadáver.

Önd: o sopro e o espírito, ambos profundamente ligados um ao outro. É a fagulha ou centelha da vida presente em tudo que vive: animais, lugares etc. Semelhante ao prana e ao atma dos hindus. É atribuído a Asgard.

Hugr: a compreensão, o pensamento e as qualidades conscientes da alma; pensamento analítico e coisas do lado esquerdo do cérebro, que nos permitem as viagens do pensamento e da mente. Seu determinante é a clareza, pois vislumbra o futuro e o que há de acontecer. É ligado a Ljusalfheim.

Minni: a memória enquanto habilidade de viajar no manancial dos feitos gloriosos do passado e das lembranças dos tempos antigos. Nos mitos, é a fonte de Mímir, conhecida no Ocidente como registros akáshicos. É o pensamento associativo, as coisas do lado direito do cérebro. Sobre os dois corvos de Odin, vale pontuar que Huginn equivale a Hugr, e Muninn, a Minni; no Grímnismál, o próprio deus ressalta o quão indispensável é Minni. É ligado a Jotunheim.

Fylgja: o espírito guardião de cada um, por assim dizer. Pode se mostrar como alguém do sexo oposto, um animal ou ainda uma forma abstrata (desde uma representação geométrica até luzes, linhas e sigilos). Mas há um pouco mais nisso: essas formas também podem ser coletivas, representando famílias, tribos, guildas e coletivos, às vezes como animais totêmicos. Cuidam do nascimento, guiam os sonhos dos protegidos e conduzem ao pós-morte; também dizem algo sobre sua altivez e aparência. Eram os animais familiares das bruxas nos contos de fadas. É atribuído a Vanaheim.

Hamr: a aparência que vestimos enquanto vivos; rege o aspecto externo de tudo que vive, dando-lhe forma. Uma curiosidade é que, havendo força e habilidade, certos magistas escandinavos podiam fazer uso do seu Hugr para alterar o seu Hamr, mudando de forma e aparência — normalmente assumindo a forma de sua Fylgja ou de algum animal que lhes fosse caro. Isso nos leva facilmente aos contos sobre licantropia e guerreiros berserkers ou ulfheadjars. Tais aparições eram detectadas se quem as encontrasse fosse assolado por um sono súbito. Por lidar com as formas, é ligado ao Svartalfheim.

Vard: o nosso fantasma ou espectro pessoal, que vaga por aí quando morremos. Já o vi sendo chamado de corpo de sombra por alguns ocultistas ocidentais. Alguns de nós, ainda vivos, conseguimos explorar outros mundos, deslocando nossa percepção para este duplo sutil. Naturalmente é atribuído a Helheim.

Od: o poder de natureza furiosa ou extática; a tal da inspiração divina que permite à mente transcender o tempo e o espaço, mostrando como a razão sequer consegue ser uma reles verdade. O êxtase e a natureza delirante são coisas de sua alçada. Od é a raiz semântica do nome de Odin e seu *nom de plume* quando é amante de Freyja. O mesmo termo é a raiz do hidromel divino e de cor vermelha chamado Odrörir; é também o nome dado ao recipiente, caldeirão ou cálice (um Graal!) onde é guardado este precioso elixir. Eis a força sagrada que nos move entre os mundos, que nos conecta a toda a criação.

Hamingja: a totalidade do seu poder ou força pessoal, contida no seu cinturão pessoal de Hamingja. Tem a ver com clareza e luz própria; relaciona-se com o Hamr e a Fylgja igualmente. Autores apontam que ela deriva da Ham-Gengja, e novamente vem à tona o mistério da mudança de forma, do aumento de força, do embelezamento e da potência pessoal. Tal força se amplia conforme as outras partes da alma despertam e afloram conscientemente, no seu tempo e justa medida, fortalecendo todos os aspectos materiais e espirituais de alguém.

Como pontuei no início deste capítulo, esta é uma jornada breve e superficial sobre esses temas, para situar e facilitar a jornada dos leitores. Existe ainda o Ek, que atua como o Self dos ocidentais e que, com a iniciação apropriada, passa a abarcar todos os aspectos da alma abordados aqui, tornando-se, dessa maneira, unificado a sua Hamingja. Há também a questão do Megin, o poder pessoal semelhante ao Chi ou ao Ki dos orientais, guardado e representado pelo cinturão que guarda ou está próximo ao umbigo.

Utseta

O termo Utseta pode ser traduzido basicamente como o bom e velho "ir lá fora", nos campos ou nas matas, sentar-se embaixo de uma árvore ou à beira de um lago ou rio. É sobre se desligar do ego e entregar aos deuses e aos espíritos o tempo deles em meio à natureza. É o ato de interromper o diálogo interno e perceber o que vem do seu âmago, o que é oculto.

Enquanto ritual, pode ocorrer antes do nascer do sol ou do cair da noite, mas pode se estender através de uma noite inteira ou longos dias. Os olhos permanecem abertos, mas relaxados — não é sobre enxergar o mundo ordinário. É sobre acalmar o diálogo interno e se desvincular dele — algo difícil na contemporaneidade, pois nos identificamos com o diálogo e não com o silêncio. Tais pensamentos não devem ser evitados, apenas permitidos, para se esvaírem até mais nada, a não ser o silêncio, predominar. Assim, você encontra o real, e não o ego.

Às vezes, o Utseta é como uma peregrinação a um local de poder e força, um bosque, uma gruta, rochedos, nascentes e afins. Chegando ao lugar, basta sentar-se no chão de forma semelhante à postura de lótus, da yoga, ou mesmo deitar-se com as mãos cruzadas sobre o peito ou estendidas ao lado do corpo. Aos poucos, acontece de vermos os fios do Wyrd e os fluxos do Megin através da vida abundante e próspera.

Sejdr

A prática do êxtase, ou ainda do transe extático, do calor (ou fervor) das partes libera a alma (ou melhor, o Vard, do qual falamos no tópico sobre as partes da alma) tem como madrinha e regente a deusa Freyja. Acontece como uma pequena morte, o que lhe dá ares tântricos; enxergar o desconhecido é uma das possibilidades, assim como o ganho de poderes e forças que vem disso. O Sejdr permitia o deslocamento da excitação sexual para a consciência, ao invés de levar ao orgasmo. A mudança de forma, ou metamorfose, e o voo noturno, ou saída no astral, libertando o Vard, também são conhecidas.

Sejdr, hoje, é quase um sinônimo de bruxaria escandinava. Divide-se no Sejdr branco, que se atenta às colheitas e aos vislumbres do futuro; e no Sejdr negro, ligado às mortes e às maldições. Era mais frequentemente associado às mulheres e às Volvas que regiam estes trabalhos. Havia pequenos grupos masculinos que se dedicavam a ele e eram frequentemente reduzidos e considerados efeminados. Sua prática se concentrava no Vardlokkur, uma canção mântrica, um tipo de Galdr rúnico que evocava o transe e guiava a alma para encontrar suas partes perdidas ou mesmo almas de mortos que se perderam de onde deviam ir no *post mortem*. Havia algo de vampírico nesta arte que permitia o roubo e a tomada da força de atração e energia vital.

Há semelhança do Sejdr com o tantra, que conduz a energia e a excitação sexual (a fervura ou calor) para a abertura do Ajna Chakra (ou terceiro olho) e, assim, o despertar e o ganho de forças e poderes ocultos são notáveis.

OS REAVIVAMENTOS RÚNICOS

Vamos agora com um pouco de história. No capítulo anterior, saciamos dúvidas e contextualizamos como foram as origens, de onde vieram, o que são e para que servem as runas. Também falamos do Futhark Antigo e do Novo, dos vikings, varegues e outros temas inescapáveis deste imaginário escandinavo.

Agora vamos ver como as runas foram redescobertas e como se consolidaram através dos últimos 600 anos da Era Comum. Eu empresto a ideia dos reavivamentos rúnicos do pesquisador alemão Klaus Düwel, de quem Stephen Flowers (Edred Thorsson) foi aluno e amigo pessoal. Vamos falar dos três principais reavivamentos rúnicos no mundo.

O passado distante

Quando falamos de runas, é interessante pensar que o Futhark Antigo se mostrou através da Escandinávia e da Germânia, mais ou menos a partir do século 2, e se ramificou até o século 10 da Era Comum. Isso é amplamente confirmado pelos achados arqueológicos realizados nos últimos séculos. É igualmente comum o fato de que, em meados do século 8, ele passou a ser gradativamente substituído pelo Futhark Novo (ou Recente) e também lidou com o Futhark Anglo-Saxão.

Outro marcador importante é a chamada Era Viking, que durou cerca de três séculos, mais ou menos entre os anos de 800 (século 8) a 1050 (século 11). Provavelmente esta é a atmosfera mais comum e cara às runas no imaginário ocidental, o que se deve à cultura pop e à febre ocasionada durante a exibição da bem-sucedida série Vikings, a partir de 2013, a qual conta com sete temporadas e um spin off, lançado em 2022.

Basicamente, os vikings e sua contraparte, os varegues, no atacado, compunham uma pequena parte da população escandinava dada a pirataria, combate naval e comércio marítimo. Suas possíveis motivações, além do desejo de expandir seus horizontes, foi o aprimoramento das técnicas de construção de navios e de navegação, bem como o aumento da população escandinava e a consequente falta de terras para fornecer alimento a todos. Tal necessidade abrandou querelas e divisões políticas em nome deste empreendimento mais arriscado e hostil.

As runas eram uma escrita especial de alguns nobres e sacerdotes, mas a maior parte da população falava o norueguês antigo e muitos outros dialetos. A maior parte do povo subsistia da agricultura e da pecuária. Sua religiosidade e magia eram parte do cotidiano e focalizavam a lida com os espíritos da natureza, elementais, ancestrais para o povo. Os deuses Aesir eram cultuados pelos nobres e estratos mais ricos da população.

As famílias geralmente eram pequenas, e havia muita preocupação com os hábitos e costumes, além de um ceticismo com o estrangeiro ou o inesperado. A organização social, mais ou menos comum, tinha na figura do deus Heimdall seu mito de criação. Vamos encontrar então o chefe (Hövding), os guerreiros que respondiam a ele (Jarlar), os camponeses livres (Fria Bönder) e os escravos (Trälar). O comércio e a navegação foram marcadores importantes desse período, trazendo ao palco os comerciantes e artesãos que foram bem-sucedidos e conseguiram se destacar da média, alcançando sua própria independência e exercendo um papel importante na formação das primeiras cidades.

Como sabemos, após a bem-sucedida expansão durante três séculos, o final da Era Viking levou os escandinavos e seus deuses a lidarem com um outro deus continental, na figura de Cristo. Dessa maneira, entra no palco social e político a figura dos padres, que conduzem o processo de cristianização dando outro tom à sociedade escandinava. Nos quase cinco séculos que se seguiram, o pouco que restou da antiga simbologia, sentidos, usos e significados das runas caiu no esquecimento da maior parte da população, restringindo-se a fazendeiros de lugares ermos. Por volta de 1550, ocorre o primeiro reavivamento rúnico.

1º Reavivamento Rúnico (1500-1700)

O primeiro deles abarcou parte dos anos 1500 a 1700. Em linhas gerais, o material básico e formativo do que chamamos hoje de runologia — e também da runosofia — data dos anos 1600, mais ou menos. Precisamos entender que é a partir deste ponto que passamos a ter um material mais consistente sobre runas. Não pega muito bem crer em sabedorias rúnicas puras, transmitidas ininterruptamente desde os vikings e varegues em termos mais históricos ou práticos.

Ou seja, estudos práticos sobre runas só começam a despontar cerca de quase 500 ou 600 anos depois que as runas não faziam mais parte do cotidiano ou diretamente da cultura geral dos povos escandinavos em suas capitais, mas sobreviviam em regiões ermas — situando numa estatística maior para fins de resumo prático. Isso não inclui exceções que certamente existiram, mas foram ocorrências pequenas diante do período maior.

Entre muitos nomes importantes, destacamos o de Johannes Bureus, antiquarista e bibliotecário da dinastia Vasa, na Suécia do século 17. Sua contribuição foi marcante, devolvendo o estudo das runas e, assim, das raízes culturais do seu povo, através de livretos. Ele registrava e catalogava as chamadas pedras rúnicas do seu tempo — preservando-as mesmo depois de terem deixado de existir, para estudos na posteridade.

Além de ter atuado como conselheiro e tutor de dois reis e uma rainha, Bureus é responsável pela codificação das chamadas Adulrunas, no livreto *Adulruna Rediviva*, e em muitos tratados posteriores que integraram a alquimia, a astrologia, a cabala, a nigromancia e mesmo os primeiros documentos do movimento Rosacruz no continente europeu. Até hoje ele é lembrado como o pai da gramática sueca e o fundador da runologia e da runosofia.

Deste reavivamento, podemos dizer que os estudos de natureza exotérica, ou da esotérica e mística das runas, foram bem marcados. Este padrão se repetiria nos reavivamentos posteriores, como veremos. Elas podem ser usadas na comunicação entre as pessoas ou na comunicação mágicka enquanto sigilos, algo que predomina nas culturas anglo-saxônicas, escandinavas e germânicas.

2º Reavivamento Rúnico (1700-1970)

O tom acadêmico e científico irá predominar sobre o tom místico neste segundo reavivamento rúnico, que perdura até a década de 30 do bravo novo século. Isso naturalmente vai conduzir a pesquisa rúnica para um tom de valorização crescente da própria cultura local, além de espelhar isso na arte e desembocar em ideias ultranacionalistas, mais ou menos na chegada do século 20. A ideia de vikings como heróis nacionais e usando capacetes com chifres é um exemplo claro deste momento. Um equívoco operístico, aliás, que inclusive evitamos nas artes do nosso oráculo.

Este longo intervalo de tempo do reavivamento rúnico viveu um período bastante animado, com pesquisadores interessados em todos os sentidos. As coisas começam realmente a ir mal quando, na Alemanha, o Partido Nacional Socialista dos Trabalhadores Alemães decide incorporar às runas a sua simbologia e repertório, à sua própria maneira distorcida e descaracterizada de um sentido original. Assim, os nazistas pagaram o preço desta (entre muitas outras) escolha barbárica, sendo derrotados na Segunda Guerra Mundial pelos Aliados, em 1945.

Os tempos que se seguiram foram bastante sombrios neste reavivamento rúnico; o mundo acadêmico, no entanto, prosseguiu seus estudos e o esotérico seguiu desvinculando suas práticas e ideias das distorções realizadas pelos nazistas.

As Runas Armanen

O final do século 19 brindou o mundo com uma codificação e interpretação original das runas, expressa nas Runas Armanen, de Guido Von List. Tal como aconteceu com Bureus e suas Adulrunas, existe algo único nelas, que sobreviveram ao uso ou sentido político ultranacionalista ao qual foram originalmente destinadas. E isso permaneceu ativo e firme para atravessar o segundo reavivamento rúnico, podendo ser totalmente desvinculado do seu autor original.

List parece desenhar suas visões das runas pautado no tratamento sistemático dos sons da língua alemã, nos quais ele vê uma ligação com uma sonoridade rúnica. Isso parece fruto de sua morada na cidade de Viena, na Áustria — solo fértil para figuras como o teosofista Franz Hartmann, o antroposofista Rudolf Steiner e o Dr. Carl Kellner, o suposto fundador da Ordo Templi Orientis.

O autor vienense preferia dizer que seu trabalho era de caráter mais filosófico e histórico, esquivando-se de publicações sobre natureza mágicka prática. Um episódio de cegueira temporária, seguido de sua cura através de mantras e visualizações rúnicas, acaba sendo o gatilho que atrai estudiosos para suas ideias.

As chamadas 18 runas que compõem o Futhark Armanen vêm dos 18 versos do Hávamál, remetendo a um conhecimento secreto que List reclamava para si, que era a fonte primária de todas as outras runas. Naturalmente, nenhum historiador ou filólogo conseguiu atribuir evidências históricas ou comprovações a essa afirmação. Como era de se esperar, List buscou a aprovação acadêmica para sua mística até o final de sua vida.

A Sequência Uthark

Outra codificação rúnica presente nas duas primeiras décadas do século 20 veio do professor Sigurd Agrell, da Universidade de Lund, na Suécia, um decadentista especializado em poesia simbolista e em simbologia. Diferentemente de Armanen, ele propôs uma interpretação de natureza esotérica do Futhark Antigo. Na sua originalidade, Agrell não partilhava do mainstream rúnico do seu tempo.

O nome da sequência é Uthark, pois a primeira runa — Fehu — é deslocada para o final da sequência, o que gera um sentido privado e algumas outras alterações que dão caráter iniciático e aproximam o repertório delas dos Arcanos maiores do Tarô, por exemplo.

As pesquisas do professor levam ao alegado encontro das tribos germânicas e escandinavas com os cultistas do deus romano Mitra, nas margens dos rios Reno e Danúbio. Os mitraístas faziam uso de um alfabeto senciente chamado Tarok, com significados semelhantes aos que temos hoje nas runas.

Para os adeptos dessa interpretação, mesmo carente de mais evidências históricas, há um sentido, uma melhor operação, com resultados oraculares e mágickos.

3º Reavivamento Rúnico (1970-...)

Eu prefiro simplificar a contagem dos reavivamentos rúnicos em três, nesta obra, para fins de organização. Entenda: cada um desses períodos é realmente amplo e abrangente. O terceiro reavivamento rúnico se inicia em meados dos anos 70, no século 20, época em que Archés, enquanto figuras de força e poder, conquistam espaço, agregam pessoas ao seu redor e formam comunidades interessantes.

Com o universo rúnico não será diferente; vemos estímulos e um renascimento mais generalizado e globalizado do interesse acadêmico e espiritual sobre as runas por toda parte. E a partir daí vêm incontáveis ondas a cada nova década. Pessoas movidas por um espírito, tal como o invencível Odin, a buscar os mistérios que as runas representam, bem como o sagrado que predomina e é apontado por seu coração.

Um dos desafios enfrentados neste terceiro reavivamento é o esclarecimento de que runas não são e nunca foram criações nazistas, além do necessário afastamento delas e de sua simbologia de todo tipo de movimento político ou terrorista, de qualquer lado do espectro político.

Outro desafio, igualmente pronunciado, é manter o respeito e a conexão com um imaginário, um ethos e uma práxis escandinava — mas dentro de uma natureza tropical e um padrão cultural diferente. E claro, em tempos de redes sociais movimentadas por vídeos de 15 segundos, manter a coerência e a consistência sem cair no descaso ou na superficialidade.

As runas e a contemporaneidade

Parece bastante fatual, para mim, que a ideia e a estrutura usadas para termos as runas como oráculo, hoje, foram influenciadas pelo *Livro das Runas*, escrito pelo entusiasta Ralph

Blum (1932-1996) e publicado com razoável êxito editorial na primeira metade dos anos 1980. Hoje, quarenta anos depois de sua publicação, vemos que ela não envelheceu muito bem. É uma obra com notável ausência de atualização e de fontes de pesquisa mais claras e minimamente mais aprofundadas e coerentes.

Um pouco anterior à publicação de Blum e posteriormente, temos as constantes obras de Edred Thorsson, *nom de plume* do professor Stephen Flowers, da Universidade do Texas, nos Estados Unidos, que mantêm uma constante influência e um fôlego mais abrangente no repertório. Como todo autor que venceu a casa dos 50 anos, no entanto, ainda hoje ele paga pelos exageros ou equívocos de obras escritas quando mais jovem.

Na sua obra, Ralph peca pelas interpretações simplistas dos sentidos e significados das runas, beirando o caricato e o estereotipado — reduzindo-as a slogans de marketing motivacional e "psicologia pop", o que deturpa a significação das runas e empobrece densamente o material, sendo alvo de críticas acadêmicas de longa data.

Outro ponto é o desconhecimento linguístico do autor e suas interpretações baseadas em traduções questionáveis e imprecisas. Para os mais puristas, o uso das runas como meio de adivinhação, através de significados arbitrários e distantes de raízes mais históricas — ou de um imaginário escandinavo ou germânico —, é trivializar o repertório das runas e toda uma ampla coleção de fonemas, letras, folclore e patrimônio cultural escandinavo. Tradição significa perenidade, como postulavam Henry Corbin e René Guénon: *ausente o perene, resta apenas a arbitrariedade de cada um.*

As runas exercem um notável fascínio na contemporaneidade. Desde o momento em que o professor Otto Lidenbrock, na cidade de Hamburgo, deparou-se com inscrições rúnicas escritas por Arne Saknussemm e iniciou sua magnífica aventura

— como retratado na *Viagem ao centro da Terra*, de Júlio Verne, em 1864 —, a arte ocidental continua a explorar o universo rúnico incessantemente.

A partir de 1937, Tolkien também incorporou as runas em suas obras, e, durante os anos 1970, cresceu o fervor místico da New Age e das chamadas Novas Espiritualidades, como o Ásatrú e outros agrupamentos que vêm deste período. O quanto ele influenciou o trabalho de Blum, me parece uma incógnita.

Fato é que Blum nunca afirmou a historicidade de seus métodos. Aparentemente, só tentou criar um produto acessível e vendável no atacado do seu tempo, oferecendo um repertório bastante fraco.

Outros nomes que publicaram matérias sobre runas, como Edred Thorsson e outras fontes escandinavas que focalizavam uma runologia espiritualista, tinham algo bem melhor e aprimoraram seus estudos ao longo destas décadas. No entanto, quando o assunto é Thorsson, tudo se divide em amor e ódio; algumas vezes, ele acerta e, em outras... bem, seus chutes históricos requerem uma suspensão de descrença, mas ainda assim superam facilmente os escritos de Blum em termos de conteúdo.

Tanto a runologia acadêmica quanto a espiritualista se expandiram e enriqueceram bastante o seu repertório nestes últimos quarenta anos desde a publicação de Blum, derrubando por terra muitas de suas colocações e termos. E muitas outras variáveis arqueológicas, históricas e também de uma antologia imaginária se tornaram mais firmes e presentes no repertório e no contexto sobre as runas.

Entretanto, muito do que é jogado hoje no atacado no mercado rúnico aparentemente carrega algum DNA da obra de Blum. O exemplo mais crasso é a ideia da 25ª runa, chamada de Wyrd, Runa de Odin ou ainda de Runa Branca — o que é meio escandaloso para uma visão tradicional e perene, onde são 24 runas no chamado Futhark Antigo. Falta explicação de fôlego para essas variações, para entender por que algumas runas são mantidas, renomeadas ao prazer do autor ou até excluídas e afins. Será que o autor leu de relance obras europeias, copiou e colou, mas escreveu diferente?

ENTRE RUNAS E ALMANAQUES

Escrever sobre runas, em certo aspecto, lembra-me daqueles almanaques sobre significados de sonhos, das antigas bancas de jornais dos anos 1980 — jamais essa coisa modorrenta de internet e inteligência artificial. Tantos significados, símbolos, bestiários e catálogos de atmosferas e seres fantásticos esperando para serem revividos enquanto são interpretados e novamente expõem sentidos e lições diante de uma nova audiência!

Runas e sonhos, sejam lúcidos ou não, para quem é alfabetizado em seus glifos e natureza senciente, fazem com que, ao fecharmos os olhos, jamais venhamos a dormir nesta realidade comum e modorrenta. De alguma maneira, hoje, as runas são tomadas como um alfabeto senciente; cada uma delas é quase infinita no conteúdo e repertório atribuído a ela — tal como um sonho e suas incontáveis camadas. Mas ninguém tem muita certeza de quem, quando ou como tudo isso foi atribuído. Há especulações das quais falaremos adiante.

Tal como os almanaques de sonho, ninguém, hoje, tem muita certeza de onde vem ou do que é realmente aquilo que está representado naquelas poucas linhas geométricas e angulosas gravadas em pedras, ossos e outras superfícies. Para os acadêmicos, importa que seja algo inconclusivo. Para os místicos, é a poesia de uma natureza que toca o âmago e transforma o rumo e o sentido deles e de quem está diante deles.

Mexendo com as runas, há algo filosófico no senso comum, algo de lírica, de relacionar-se, refletir e tirar um tempo para sentir e pensar — além de uma boa conversa para encontrar um tempo para si, o que é saudável e necessário. Considerando os tempos que estamos vivendo, que são extremamente velozes, superficiais e violentos na condução de informações, ter um tempo para ficar com o que carregamos e fazer alguma coisa sobre aquilo que fazem conosco é um luxo.

Posto como arte invisível ou ofício sem nome, há bons artistas e outros nem tanto. Para corações mais generosos, aqueles que não apostam contra a amplitude, a vastidão e o infinito, há alguma coisa nas runas e em quem as interpreta. Algo que vem e atravessa, implacável como um afeto, arrancando do tempo, do espaço e da razão que abarcam ambos; que lhes traz sabedoria e poder.

Há toda uma série de marcadores, suas variáveis, atmosferas, lições, atribuições e sentidos dentro de um repertório vasto e mais ou menos comum e recorrente. Almanaques sobre significados de sonhos prontamente me sobressaltam. A magia é de natureza afetiva, meus nobres amigos e amigas. Há algum método, mas é artístico e, no máximo, é dos tempos de Francis Bacon, quem sabe.

Para os menos generosos, interpretar runas é só uma conversa fiada comandada por alguém que acha que tem, sabe e faz o que mais ninguém tem, conhece ou faz. Ah, essa razão é de quem insiste que só existe o que há no tempo e no espaço, que sequer consegue ser uma mísera verdade, tal como é um afeto que nos atravessa e arrebata prontamente de tudo isso, não é mesmo?

Sentir e interpretar runas é uma jornada interessante nesse sentido; é um rito pessoal de contemplar e sonhar lucidamente dentro de um repertório escandinavo e germânico. O ponto interessante disso são os acertos divinatórios e não tanto o devaneio. É onde saímos do tempo ordinário, reto e chato, e aprendemos a viajar no tempo sagrado, cíclico e mítico. É coisa de povos antigos que parecem ter desenhado e registrado, à sua maneira, tudo que vivemos na mente e no coração desde que o mundo é mundo.

Diante das runas, sonhamos lucidamente, assumimos um papel em uma terra e uma cultura muito diferentes da nossa, da vegetação e clima, posturas e atitudes. Quando estamos junto de outros leitores de runas, isso se reforça — uns dirão que é coisa de neurônios-espelho assumindo a postura do bando, dos livros, séries e filmes que predominam na sua preferência. Outros dirão que é coisa que vem do sangue, de ancestrais e até mesmo da alma, que não é muito bem quista em tempos pós-modernos.

E COMO FICA PARA OS ESCANDINAVOS, DE ONDE VIERAM TODAS AS RUNAS?

Não pretendo transformar esta obra em um texto acadêmico, longo e chato. Até posso, mas não quero. Prefiro manter o tom de uma conversa mais ou menos informal, como se estivéssemos em uma alegre noite em alguma dessas casas ou tavernas medievais das grandes metrópoles, as quais se proliferaram na última década. Aliás, ao falar sobre runas, expresso uma realidade que vivencio no meu cotidiano. Quem quiser um viés acadêmico, procure obras acadêmicas. Mais uma taça de hidromel ou caneca de cerveja artesanal, nobre?

A bem da verdade, academicamente falando, ninguém hoje está muito certo dos significados atribuídos ao Futhark Antigo (séculos 8 a 10 da Era Comum), nem se ele era realmente usado para fins oraculares, da maneira como fazemos hoje. Eu sei e tenho pleno conhecimento de que um seguidor dos antigos costumes pode convulsionar ao ler os termos *runas* e *oráculo* na mesma sentença, visto que, para ele, elas versam sobre conselhos e um trato secreto entre ele e o altíssimo.

Mas é preciso considerar que o oráculo daquele tempo antigo podia ser muito bem tirado com ossos e, lá no fundo, eu suspeito de que era isso mesmo. Estou certo de que meus leitores e leitoras não imaginam a região e o tempo de que falamos, com pessoas vestidas de branco, orando para o sol e tendo pensamentos elevados, amando o amor ao próximo, não é verdade?

Tradição é uma coisa séria, perene e sufocante — justamente por isso é que funciona —, não uma colcha de retalhos feita do que agrada mais e pescada aleatoriamente na internet. Da minha parte, realmente duvido que alguém, hoje, conseguiria alcançar e tampouco emular os fundamentos dos sábios do passado, muito menos vivê-los nos tempos atuais. Enxergo essas atitudes, principalmente quando exageradas, como um tipo de fetiche ou fixação para se esconder da própria insuficiência diante da vida incerta e de relações e relacionamentos gasosos dos nossos dias.

Acredito que uma rápida leitura das obras do autor Bernard Cornwell elucide o leitor sobre o tom mais violento, brutal e implacável dos tempos pré-católicos na Escandinávia e Germânia, mencionados nesta obra, onde a vida não tinha tanto significado.

O que sabemos é que os escandinavos dão muito valor à preservação de certos fonemas e letras que até hoje são a base da sua cultura, ancestralidade e história, e que as runas se inserem nisso. E que nós, ocidentais, deveríamos respeitar esse princípio. Lembre-se de que os ancestrais deles e os nossos nos deixaram um mundo de presente — já a nossa geração ou a próxima poderão não ser bem-sucedidas nessa tarefa.

O chamado Futhark Novo, popularizado mais ou menos do século 10 em diante, tem um repertório mais conhecido, catalogado e de possível entendimento e escrita. Mas não é tão simples, já adianto. Não é só olhar na tabelinha e ver que letra a runa representa e substituir, ainda que o grosso do que temos sobre o Futhark Novo realmente tenha sido escrito dos 1500 para cá, quase 500 anos depois de ele já não ser mais usado largamente na prática. Por meio dele, concluímos que as runas eram posse de uma elite de nobres ou sacerdotes, talvez ambos, que as utilizavam para seus próprios meios e fins, enquanto a população usava outro alfabeto para escrever e fazer seus registros.

COMO MEMORIZAR AS RUNAS E TRABALHAR COM ELAS

O primeiro grande desafio de estudar e entender as runas é a riqueza do repertório, dos marcadores e das suas variáveis. Parte considerável das pessoas desiste por conta disso, outra quantidade expressiva tenta decorar dois ou três significados e engessar toda aquela atmosfera de uma runa a isso. Estamos diante de um quadro complicado, mas que é necessário transcender. Nesse sentido, ofereço algumas dinâmicas que inclusive utilizei ao longo das últimas décadas e compartilho com meus estudantes com razoável dose de sucesso. Vamos a elas.

Jogar e viajar nas artes do oráculo: a maneira mais básica de memorizar as runas é contemplar as artes do oráculo e se imaginar naquela atmosfera. Como seria estar ali? Como é a temperatura? Quais são os aromas? Como são os tons de voz e como se movimentam os personagens? Contemplar cada arte, olhando inicialmente o seu centro, deixando o olho desfocar em volta e o coração voar, é um exercício prazeroso.

Depois disso, você pode ler o significado no livro, ir atrás das referências em mais e mais obras sobre o contexto escandinavo. Explore obras que dialogam harmoniosamente com esta, outras que contrastem e até mesmo se indisponha com esta. Quem aprende e vai entendendo o que funciona melhor para si é você mesmo. Experimente! É uma jornada sem fim. Cada um tem o seu próprio desconhecido para descobrir e explorar.

Anotar: outro recurso que recomendo aos meus mentorados é separar 24 folhas de sulfite ou papel reciclado, uma para cada runa. Um lado do papel é para anotar significados e sentidos extraídos de livros e obras que você consultar sobre runas. O outro lado da folha é para registrar os sentidos que você experimenta, intui, acha ou correlaciona a cada uma delas.

Alguns alunos apreciam usar papel vermelho para runas mais quentes ou ígneas, papel azul para runas mais geladas, papel verde para as da terra, e amarelo para as do ar.

No verso do papel, onde você anota sentidos, intuições e correlações pessoais, você também pode brincar e tentar responder às seguintes perguntas: Se aquela runa fosse uma sala ou parte de uma larga propriedade, como ela seria? Qual animal representa aquela runa? Se aquela runa fosse uma pessoa, como ela seria? Quais seus costumes, hábitos e como lida com os outros? Se aquela runa fosse um estado emocional, um clima afetivo, qual seria?

Ao concluir as 24 folhas, uma para cada runa, tente criar listas sobre as perguntas que você respondeu. Como seria uma jornada rúnica através da larga propriedade onde cada runa representa uma sala ou parte dela? Como fica, neste ambiente, aquele animal ou aquela pessoa que você atribuiu a tal runa? Como é o astral/emocional ou o clima afetivo de cada um destes ambientes?Com o tempo, recorte de revistas antigas ou imprima imagens que mostram pessoas, lugares, animais, vegetações, pedras e paisagens que remetem a cada runa, prendendo-as com um clipe à respectiva folha.

Alguns leitores, mais familiarizados com minhas outras obras, devem ter entendido que acabo de fornecer um blueprint para construção de um “templo astral rúnico”.

VIVENDO A FORÇA DAS RUNAS

No capítulo anterior, falamos sobre processos de memorizar e principalmente ganhar traquejo e familiaridade com as runas. Neste, vamos ver como inserir as runas no seu cotidiano e na vida como ela acaba sendo, até onde você alcança e consegue colocar em prática. Os pequenos ritos que seguem lidam com a mística que é aquilo que vem do repouso ou do êxtase "odínico", lírico ou ainda furioso.

Visualizar & Contemplar: em um papel, desenhe com tinta guache vermelha cada uma das 24 runas deste oráculo – todas estão retratadas nas cartas que acompanham este livro. Em seguida, estenda a palma da sua mão próximo a uma runa, feche os olhos, mas guarde a visão daquela runa na sua memória e fale de coração e em boa voz o que está sentindo. Se tiver um parceiro ou parceira de confiança, peça que ele registre por escrito o que você está dizendo.

Outra variável deste mesmo rito é desenhar a runa no ar, visualizando sua forma em vermelho com requintes dourados e faiscantes emoldurando a sua forma. Fale de coração o que experimenta e, se tiver a sorte de alguém que possa registrar, aproveite.

Galdr: cantar os nomes das runas com um tom mântrico é um bom exercício para aprender a memorizar seus nomes, sua ordem e seus significados. É parecido com o canto gregoriano ou com mantras budistas. Primeiro, você canta o nome da runa três vezes; em seguida, você canta três vezes a primeira letra do nome da runa acrescida de uma vogal (sempre nesta ordem: u, a, i, e, o). O importante é respeitar o *timing* de nove tempos em cada uma dessas sílabas.

Fehu, por exemplo, poderia ficar assim:

Fehu, Fehu, Fehu

Fu, Fa, Fi, Fe, Fo

Fu, Fa, Fi, Fe, Fo

Fu, Fa, Fi, Fe, Fo

Fehu, Fehu, Fehu

Naturalmente, o contexto do Galdr é infinitamente mais amplo, mas toda grande jornada começa com os primeiros passos. Essa formulação mais básica é efetiva para iniciantes. Certa vez, li um trecho interessante sobre a importância dessa prática:

> *"O corpo mimetiza as runas por meio de posturas psicotrópicas, concentrando a mente no seu significado esotérico, chamando para o exterior do mundo natural o seu som e poder vibratório, trazendo assim à superfície a energia psíquica oculta na sonoridade da fórmula sagrada que a rege. Dessa forma, o Önd, força divina presente nas runas, revela-se no corpo do adepto."*

Trecho de *As Moradas Secretas de Odin*,
de Valquíria Valhalladur.

Stadhagaldr Freestyle: o termo "Stadha" quer dizer postura, e "Galdr" é o cantar ou o cântico, em linhas gerais. O mundo conheceu o Stadhagaldr ainda nos tempos do segundo reavivamento rúnico, por volta de 1918-1920, com uma vistosa influência dos escritos de Guido Von List. No entanto, quem levou o crédito foram Friedrich Bernhard Marby, Siegfried Adolf Krummer e Karl Spiesberger.

Hoje, sabemos que o próprio Johannes Bureus já explorava algo semelhante a "mudras" com formas "rúnicas", usando os dedos de sua mão e certas combinações. Pode ser que nas instruções secretas que compartilhou com seus aprendizes houvesse algo ainda mais elaborado – mas não há registros eficazes disso lá nos anos 1600.

Para o que nos interessa, a prática do Stadhagaldr tem grande poder bioenergético, comparável ao que outras pessoas encontram em práticas adjetivamente semelhantes – como a yoga, embora não sejam equivalentes de nenhuma forma, bem como os Aettir Rúnicos não equivalem a "Aethyrs Enochianos", em linhas gerais.

Para os noruegueses, a palavra "Galdr" era equivalente a "magia", além de ser a mesma para designar "som" e "encantamento mágico". Ela descendia do verbo "gala", que descrevia o "grito-do-corvo". Cada letra do alfabeto rúnico consistia em um "som" ou mantra específico, que representava a essência da runa em vibração sonora.

Pense em cada uma delas como uma tocha que ilumina e desvela a escuridão de cada aspecto de si – e mais: que deseje desvelar com respeito, honestidade, lealdade, prudência, sabedoria e gratidão. E uma pronúncia apropriada e respeitosa, com a dicção sueca e norueguesa, é um desafio e um estímulo para ser sustentado, bem como o tom musical correto para cada runa.

A questão de posturas bioenergéticas que permitem a ativação, a desativação, a sustentação, o banimento e outras possibilidades não constitui novidade de nenhum tipo. Nenhum mito pode ser desvinculado de seu rito, logo, a dança ou tais posturas retratam seus mitos e parte de seus fundamentos principais, através dos dramas que são desenhados no ambiente e no próprio ecossistema ou natureza circundante.

Talvez o mais conhecido na magia cerimonial seja o rito do banimento, do pentagrama menor e maior com suas posturas, dança e mantras específicos. Se delinearmos os meandros do xamanismo ou mesmo do budismo tibetano, e até do candomblé brasileiro, encontraremos posturas e sabedorias corporais equivalentes.

Em termos clássicos de magia, encontramos o chamado "posismo" do estadunidense Pascal Beverly Randolph, mentor mágico de Abraham Lincoln (inspirado nos antigos Ansariehs do Oriente Médio), com suas poses corporais específicas que destinavam e encomendavam que o rito fosse levado a cabo para a conclusão de suas finalidades. Pascal foi médico, advogado, maçom de alta estirpe e homem negro no final do século 19, o qual ganhou as graças dos magistas europeus graças à tradução de seus trabalhos por Maria de Naglowska.

Imagine usar o seu corpo e desenhar com a sua postura a forma de cada runa. Então ganhe disciplina e visualize na mente a forma da runa, desenhe-a com seu corpo e entoe o seu cântico. Ao realizar isso, sinta como se absorvesse a força, o aroma, a fragrância, e deixe-se nutrir e se preencher por toda essa força.

AS RUNAS E SEUS SIGNIFICADOS

O termo *Ett*, que é o singular de *Attir*, provém do norueguês arcaico e significa "família, tribo ou clã". Esse conceito fundamenta um sistema numérico que classifica as runas em subgrupos de oito caracteres, chamados Aettir.

O sistema de runas mais amplamente reconhecido e estudado é o Futhark Antigo, foco desta obra, composto por 24 runas, organizadas em três grupos denominados Aettir, os grupos são formados por oito runas, cada runa possui uma simbologia única, interligada em níveis de interpretação horizontal, vertical, numérica e mitológica. Esse código numérico é binário, representando tanto o número do Aettir quanto a posição da runa dentro do Futhark, contando da esquerda para a direita. Cada Aettir recebe o nome das divindades que o regem.

O primeiro Aettir, regido por Frey e Freyja, deuses da fertilidade, aborda temas materiais e as qualidades que o iniciado deve desenvolver, como energia, tenacidade, ação, comunicação, inspiração, força de vontade, conhecimento, generosidade e companheirismo.

O segundo Aettir, sob a regência de Heimdall e Mordgud, deuses guardiães, trata de questões emocionais, dividindo-se em duas partes: a primeira aborda a superação de obstáculos e a colheita dos frutos, enquanto a segunda lida com conflitos internos e caminhos para o sucesso.

O terceiro Aettir, sob a tutela de Tyr e Ziza, divindades arcaicas, regula os aspectos mentais e espirituais, orientando o iniciado em sua busca por autossuficiência e iluminação.

A sequência das runas no Futhark Antigo representa um processo de evolução progressivo e coeso, onde cada runa atua em todos os níveis. Entrelaçam-se em uma rede complexa de imagens, símbolos, sons, números, cores e formas, enriquecida por alusões míticas.

As runas constituem uma linguagem mágica que transcende um simples alfabeto, conectando-nos a verdades profundas e energias ancestrais. Atribuir números às runas, dentro de um sistema binário, não apenas organiza, mas também intensifica seu uso em práticas mágicas e de autoconhecimento. Cada runa oferece significados únicos que desvelam insights sobre a vida e o mundo espiritual. Além disso, construir sigilos mágicos com as runas permite canalizar suas energias para intenções específicas.

Temas e usos das Runas

1. **As Runas como Linguagem Secreta:** A natureza das runas vai além de um simples alfabeto; elas constituem uma linguagem mágica que nos conecta a verdades internas e universais. Mais que letras, seus símbolos são portais para energias e arquétipos ancestrais, revelando respostas profundas.

2. **Função e Uso do Código Numérico:** O sistema binário de cada Aettir organiza as runas e permite seu uso em práticas de magia e autoconhecimento. Atribuir números às runas reforça seu poder, alinhando-as aos ciclos naturais e ao ritmo do universo.
3. **Runas e Sigilos Mágicos:** O estudo das runas vai além de seus significados individuais; a construção de sigilos permite canalizar suas energias para objetivos específicos. Sigilos formados por combinações rúnicas são âncoras de intenções mágicas, usados para proteção, orientação ou materialização de desejos.
4. **Explorando cada Aettir e seus Arquétipos:** Cada Aettir representa um estágio de desenvolvimento espiritual. O primeiro Aettir traz runas de poder e criação, o segundo simboliza desafios e crescimento, e o terceiro integra o aprendizado, o auge da jornada. Conhecer as camadas de cada Aettir aprofunda a compreensão das fases de vida e dos ciclos pessoais.
5. **Conexão com Deuses Nórdicos e Energias Cósmicas:** Cada Aettir está associado a divindades nórdicas, forças naturais e espirituais que influenciam o mundo visível e invisível. Trabalhar com as runas possibilita conectar-se com essas energias e acessar a sabedoria ancestral dos povos nórdicos.
6. **Aprofundamento nos Significados de Cada Runa:** Cada runa contém uma gama de significados, e sua decodificação revela múltiplos níveis. Sejam lidas isoladamente ou em combinação, oferecem mensagens que ressoam na vida prática e espiritual.

1º Aettir

Por tradição, o Primeiro Aettir representa costumeiramente a criação, o impulso e o movimento que deu origem a tudo que existe. Sua equivalência à mítica era do ouro é notável e renderia um diálogo interessante, mas que nos desviaria do foco deste livro.

Regido por Frey e Freyja, sua atmosfera tem a ver com fertilidade — nossa capacidade de "reificar" sonhos, bem aqui neste "selvagem jardim". Diz respeito a qualidades e habilidades que o iniciado nos mistérios rúnicos deve conquistar, tais como foco, tenacidade, sagacidade, comunicação, inspiração, generosidade e companheirismo.

Fehu

Tags: Audhumbla; Njord; Frey; Freya; Frigga; justa medida; saber se controlar; apreciar e resguardar o que já tem; elemento fogo; velas vermelhas; moedas; âmbar; leite aquecido com especiarias; lâminas em chamas; libido; tesão; Önd; duplo etéreo.

Gosto de pensar em Fehu nos tons de completude e sacrifícios que vêm do autossacrifício. É muito comum ela ser apresentada como a primeira runa, o que é a tradição se expressando diante de nossos olhos. Njord e Frey são deuses que logo saltam à frente na memória quando falamos dela, assim como Freyja e Frigga, naturalmente.

Espíritos, dragões e gigantes do fogo são frequentadores igualmente naturais de sua atmosfera. Turmalinas verdes, por atraírem boa sorte, são um complemento, bem como o ouro. Colares dourados, penumbra e velas vermelhas faiscantes iluminando moedas. Leite fervido com especiarias e pedras de âmbar dispersas na mesa. Espadas com as lâminas em chamas, libido e tesão no ar — risos fáceis, saber apreciar e resguardar o que já se tem.

As chamas de Muspelheim impregnam o miasmático e o gelo, adicionam movimento e mudança ao estático e, assim, deuses e deusas vêm ao mundo. É a força do Önd, de alguém se expressando e se mostrando, tal como o duplo etéreo e os fogos do outro mundo, permitindo que circulem poderes misteriosos entre os envolvidos, adquirindo força e poder para a realização de objetivos.

É a primeira bênção que recebemos. No entanto, tal runa parece, no âmago do meu ser, digna de uma busca que antecede todas as outras. É sobre uma justa medida e sobre saber se controlar, algo que vem no final de uma jornada. Aquilo que se acumula, se preserva e estoca — isso é bem da sua natureza.

Recompensa, herança, rebanho são as palavras-chave, assim como um clima primaveril. A riqueza é principalmente formada por amigos e amigas; neste caso, quanto maior a fortuna, mais alianças, embora o dinheiro não esteja fora de questão. Fé (de Féhu) e Foe são intimamente ligadas semanticamente, amigos e inimigos vem de nossas aventuras, não é mesmo?

É normal associá-la com Audhumbla, a vaca que nutriu Ymir no início dos tempos, em meio à neve. Ter gado em terras geladas e em tempos atrozes era uma garantia de leite, carne e algum abrigo. Fehu é o gado e o rebanho domados em essência, diferente do aspecto feroz dos bovinos de Ur. O poema associado a Fehu inclui a ganância dos deuses Aesir e do lobo que jaz na floresta, que faz desandar as relações com os outros e compromete a runa Othala.

Uma ligação com Othala é percebida no trato e na maneira como se vai atrás da fortuna e do sacrifício demandado, que pode levar primeiramente ao desequilíbrio, antes do ajuste e reinício.

Expressa uma cosmovisão cíclica, Jörmungandr e Nidhogg são boas expressões deste nuance cíclico, dragões que vêm subitamente, havendo um clima de destruição que antecede a renovação. E do seu enfrentamento a um novo mundo. A recompensa vem ao final, como interpreta Sigurd Agrell no início do século 20, na sua controversa sequência Uthark.

Tudo que frutifica é da atmosfera desta runa. Pelagens de lobos e escamas de serpentes também. Chifres no estoque e nas paredes, decorando o lugar, são outro marcador comum. Sal, gelo, fogo, pedras de meteoritos e tudo que for de árvores verdes e viçosas. Moedas e ouro também. Urticária dioica e sambucus nigra são adereços interessantes para suas correspondências, que não são poucas.

Ritualisticamente falando, Fehu, Feoh ou Fé tem ação sempre temporária, precisando ser sempre reativada e potencializada pelo runósofo; é sobre receber e dar força e poder. Opera muito bem com as runas As e Os, assim como Othala e Uruz.

Visualização Mágicka: visualize uma cena repleta de símbolos de riqueza, movimento e ciclos de vida. No centro, um ferreiro está batendo em uma bigorna, faíscas voando ao redor, simbolizando a energia inicial e o calor que desencadeiam o movimento. Essas faíscas representam o começo de novos empreendimentos e a força vital que impulsiona a criação e a inovação.

Ao fundo, uma vasta fazenda com rebanhos de gado pastando pacificamente. As runas Fehu e Othala estão esculpidas em pedras que cercam os limites da terra, indicando domínio, herança e prosperidade. Os estoques da fazenda estão cheios, simbolizando a acumulação de riquezas e a abundância que pode ser transmitida de geração em geração.

Nas proximidades, um grupo de amigos e aliados está reunido em um círculo, rindo e compartilhando histórias, representando as alianças e amizades valiosas que também constituem a verdadeira riqueza na vida. Esta cena captura o sentido profundo de comunidade e o valor das conexões humanas duradouras.

Em um canto da cena, as Nornes — Urd, Verdandi e Skuld — estão presentes, tecendo os destinos com fios dourados. Perto delas, oferendas cuidadosamente dispostas mostram que os sacrifícios certos podem levar ao sucesso e à prosperidade. As Nornes observam, simbolizando a importância dos pactos e juramentos na vida, bem como a influência do destino.

Audhumbla, a vaca primeva, está representada lambendo o gelo, dando início a tudo, simbolizando os começos e a energia vital que coloca tudo em movimento. Sua presença reforça a ideia de que a vida é um ciclo de inícios, meios e fins, conduzindo sempre à renovação.

No horizonte, o sol está nascendo, marcando um novo começo e iluminando a paisagem com uma luz dourada. Este nascer do sol simboliza a esperança e a promessa de novos começos, enquanto a sombra da noite que se dissipa lembra os finais inevitáveis e a necessidade de se preparar para o próximo ciclo.

Elementos de inveja e cobiça são sutis, talvez representados por figuras nas sombras, observando a prosperidade alheia com olhos gananciosos, alertando sobre os perigos que podem romper acordos e destruir pactos.

Essa cena ilustra a riqueza não apenas em termos materiais, mas também nas relações e alianças, a importância dos começos e fins nos ciclos da vida, e a vigilância necessária para proteger o que se conquistou contra a cobiça e a inveja.

URUZ

Tags: inícios, origens e estados primitivos anteriores à criação ou ao humano; Ymir e Audhumbla, o destino colocado em movimento; Ginnungagap, o vazio primevo; Urd, o passado e as Nornes.

Ur é uma runa que fala de origens e estados primitivos. Nela temos a paisagem que antecede a criação, sem humanos, eu diria, mas certamente com animais e vegetação dispersos na sua extensão — embora goste de pensar no seu traço primitivo, com Ymir e Audhumbla e tudo mais coberto de gelo ou ainda congelado. Enquanto o gigante e sua vaca se deslocam através da vastidão, o mamífero vai lambendo blocos de gelo e, assim, libertando o que estava neles e colocando o destino em movimento.

A tradição também atribui a Uruz o Ginnungagap, o vazio primevo de onde tudo vem, segundo a mitologia escandinava. O útero de onde tudo nasce ou vem a existir simultaneamente, através de uma fenda escancarada no vazio. Tudo está escondido, oculto, apenas vislumbres relampejantes se mostram, tal como numa descida ao submundo. Naqueles dias mais sombrios, ela me parece muito mais relacionada a inícios do que Fehu.

Outro tema recorrente desta runa é sua ligação com a fonte de Urd, deusa do destino e uma das Nornes. Nesta fonte, que vem do passado e do que é primevo, escondem-se potências inenarráveis. A memória possui uma força na "Magia" pouco conhecida ainda hoje, na contemporaneidade, mas jamais desconhecida para os escandinavos que sabiam como trabalhar com ela. A runa Uruz educa os mais hábeis nesse sentido.

Enquanto isso, a vaca primeva, Audhumbla, lambe os blocos de gelo e de alguns liberta estranhas figuras, pondo em movimento a roda do destino. É das tetas da vaca que fluem os quatro rios de leite, alongando e espalhando forças e nutrientes que se ramificam através das quatro direções cardeais do espaço, levando a vida para onde alcançam.

Nesta runa aprendemos como a vida é afetiva, muito mais do que racional. Uruz fala dessa paixão e a expressa na figura do gado selvagem, ainda indomado, perdido na vastidão. Ela trata da força dos Auroques, belos animais já extintos. É promessa de riqueza, esperando ser reunida e conduzida para algum lugar através das perigosas estepes vazias. Coisa do Destino.

Pensamos no gigantesco Ymir, bebendo o leite que vem de sua preciosa vaca. Enquanto isso, Audhumbla lambe os blocos de gelo sem desconfiar do amargo destino que espera seu dono. Desse gelo virá outro personagem, chamado Buri, o ancestral de Odin, o primeiro dos muitos deuses congelados naquelas geleiras. Cada um deles representa o potencial entrando em estado real. Vili, Vé e Odin logo cumprirão seu destino, matando e esquartejando Ymir para formarem toda a realidade conhecida como Midgard.

O Destino se inicia. Falamos então das três Nornes, especialmente de Urd, que vigia ou ainda expressa a força do passado em tudo que aconteceu, ou cujas consequências vêm de lá. Escolhas e a maneira como escolhemos vêm do nosso âmago; é coisa afetiva para quem não sabe, nobres leitores. Suas irmãs Verdandi (o Presente) e Skuld (o Futuro) estão nessa atmosfera, naturalmente. Só que é Urd quem encarna o Destino; Skuld refere-se a consequências e ao futuro, e Verdandi ao que se passa no presente, diante dos nossos olhares e atitudes. A maneira como escolhemos determina se a honra nos alcançará.

A forma como escolhemos e nos posicionamos fala sobre o que vivemos ou saboreamos na vida e, consequentemente, sobre como superamos ou elaboramos as nossas fragilidades e feridas, e o quanto elas nos guiam se não fizermos nada a respeito. A perseverança que aprendemos aqui é a resistência, a firmeza e a potência para nos curarmos e sairmos de uma sina menos afortunada. É o bom aço que nos tornamos enquanto os deuses do martelo e da forja se interessam por nós. Bétulas prateadas e musgos brancos expressam a força de Ur.

Os chifres permanecem como símbolos potentes nessa atmosfera de Ur. Coisas como leite, mel e lúpulo (usado para fazer a cerveja) afirmam o que vem dessa atmosfera. Obsidianas e pedras vulcânicas, resina de faia de pinheiros, samambaia e feno expressam a força de Uruz no reino vegetal. É interessante como o termo Ur é um prefixo que marca algo igualmente mais primevo e misterioso, no meio acadêmico e no moderno ocultismo.

Visualização Mágicka: em uma vastidão gelada e ancestral, uma cena primordial se desenrola. No centro, Audhumbla, a vaca primeva, com sua aparência robusta e majestosa, lambe pacientemente o gelo ancestral. De suas tetas, flui leite abundante, alimentando Ymir, o gigante adormecido, que suga o leite com vigor. Cada lambida de Audhumbla no gelo liberta lentamente Buri, o primeiro ancestral de Odin, emergindo de seu confinamento gelado.

Ao fundo, as estepes desoladas e geladas são habitadas por auroques, búfalos primitivos e indomáveis, que simbolizam a força bruta e a resistência da natureza selvagem. Esses auroques percorrem a paisagem, representando a luta constante pela sobrevivência e a indomabilidade da vida primitiva.

Observando tudo com um olhar sereno e penetrante está Urd, a Norne do passado. Com um semblante de sabedoria e determinação, ela marca o que foi realizado. Urd representa a verdade e a retidão do passado, guiando o destino de todos. Suas irmãs, não visíveis, são sugeridas pela presença de Urd, uma representação da complexa teia do destino.

A mensagem subjacente é clara: a vida selvagem e indomada exige força e resiliência. Aqueles que possuem o que é essencial — leite e carne — podem sobreviver. A cena enfatiza a importância de aceitar a dignidade e a culpa das ações passadas, bem como a força de forjar o próprio destino, sem culpar ou reclamar.

Nesse cenário sombrio e majestoso, cada elemento desempenha um papel determinante na narrativa do destino, da sobrevivência e da responsabilidade pessoal, encapsulando a essência da mitologia nórdica e a profundidade das lições de vida.

THURISAZ

Tags: colocar limites; a restrição; Jotuns, gigantes do gelo e do infortúnio; o frio implacável; Thor, o calor, alívio e proteção das mulheres; o enfrentamento; o temor pelo retorno da dor.

Ao longo dos anos, Thurisaz invariavelmente me remete ao enfrentamento do fogo e do gelo; é o fogo bom, aquele que vem da fricção e do atrito dos gravetos ou de certas pedras. É o calor do fogo bom, que afasta e logo consome a friagem e o gelo, os quais atestam primeiro nossa inação e em seguida a morte. Eis o enfrentamento do fogo que consome o gelo, levando a vida e o seu inverso à morte. É bem interessante entender formulações como essa quando exploramos a mítica escandinava.

Thurisaz trata principalmente das origens e da soberania dos chamados Jotuns, os gigantes do gelo. Trata da necessidade de se restringir e conter esses oponentes formidáveis, que basicamente representam o infortúnio e a ação paralisante do frio e do gelo, implacáveis e mortais lá no velho norte. Para nós, que nascemos e crescemos no calor e no clima tropical de um país logo abaixo da Amazônia, isso pode soar estranho. Mas é importante considerar tal informação na lida prática com as runas.

Leitores criativos certamente podem imaginar o infortúnio, o frio e o congelamento como atitudes e comportamentos contemporâneos que nos privam do movimento ou do nosso foco, por exemplo. Refiro àqueles dias que estamos saturados de coisas na cabeça e que nada de prático fazemos a respeito delas, quando ficamos estáticos, só correndo o dedo no ecrã do celular sem chegar à coisa alguma. O calor, portanto, pode ser desenhado como as pequenas decisões e ações que irradiamos e realizamos, colocando-nos em movimento e nos alinhando com o destino.

Em termos míticos, o movimento e a realização geram o calor, tal como a língua de Audhumbla a descongelar Buri, o primeiro ser e avô de Odin. O calor, o movimento e a realização são nossa força de proteção contra o infortúnio, afinal. Para o escandinavo, tal força podia ser desenhada e representada na forma de seu deus Thor e na sua arma mágicka, o martelo Mjolnir, afastando, punindo e sempre indo na direção contrária aos Jotuns e outras ameaças, como seu irmão Loki.

A ideia de Thurisaz enquanto proteção é importante, a qual vemos na sua forma, que representa espinhos de flores e plantas, armas afiadas ou mesmo lembra o martelo de Thor. É uma linha de defesa que contém, restringe e dá o limite pontual ao infortúnio. Ela destaca, ainda, a ira do deus do trovão e o seu ódio, capaz de torná-lo focado e levar seu embate a consequências únicas contra o que ameaça a vida dos seus protegidos. Destaca Thor como protetor da Terra e da vida, bem como seu ódio aos gigantes de gelo e sua relação tensa com Loki, descendente deles.

Nos antigos poemas escandinavos, Thurisaz adquire contornos interessantes, sendo vista como um alívio que oferece proteção mágicka principalmente às mulheres, visto que a runa expressa a força que controla ou é contrária a todo o infortúnio que vem da estagnação e do frio. Isso pode inflamar o imaginário dos leitores ao considerar se o infortúnio era representado por estrangeiros ou seres estranhos à humanidade — o repertório do norte era bem amplo nesse sentido. Tal estranheza pode lhe tirar o sono, um enfrentamento entre o conhecido e os representantes do limiar, ou ainda o desconhecido.

Considere que, na mítica escandinava, toda a nossa realidade, chamada de Midgard ou Jardim do Meio, foi quase que inteiramente criada da mutilação e do esquartejamento do gigante Ymir, que tinha uma descendência diferente daquela dos filhos de Buri. Algumas linhagens espiritualistas contemporâneas, como o chamado Thursatru, consideram que a consciência de Ymir ainda permanece e pode ser encontrada nas águas paradas dos rios e pântanos, ou em lugares ermos e distantes, avessos aos vivos e a toda a civilização, por exemplo. Acredita-se que ele anseia por um retorno, o que representaria um infortúnio sem precedentes, e que ele não viria sem as hordas dos gigantes do gelo e a morte certa para todos os vivos.

Enfrentamento é a palavra-chave nessa atmosfera de Thurisaz. Então, contamos com Thor como a centelha, a faísca, a força implacável e trovejante que doma, contém e restringe o infortúnio e os temidos gigantes do gelo. Thor é alívio e proteção para as mulheres.

Visualização Mágicka: imagine uma paisagem mística, onde a natureza bruta e as forças primordiais se encontram. No centro da cena, um fogo vivo, brilhante e acolhedor surge da fricção de gravetos e pedras, derretendo o gelo ao seu redor. Esse fogo representa a força vital, o calor da vida, que se opõe ao frio implacável dos gigantes de gelo, os Jotuns, que simbolizam o infortúnio e os desafios a serem superados.

À medida que o gelo se derrete, revela-se Buri, o primeiro ser libertado do gelo, avô de Odin, que surge com uma presença imponente e ancestral. Em torno dele, a aura de proteção se faz visível através de runas gravadas no chão e nas árvores próximas, simbolizando espinhos de flores, plantas e armas afiadas — lembranças de Mjolnir, o martelo de Thor.

Thor, com sua figura poderosa, está em destaque. Ele é o protetor da Terra (Midgard) e da vida, empunhando Mjolnir com determinação e fúria contra os gigantes de gelo. A tensão em seu semblante revela sua eterna batalha e seu ódio profundo pelos Jotuns, enquanto Loki, ao seu lado, está com uma expressão ambígua e observa tudo, sugerindo sua complexa relação com Thor e sua origem como descendente dos gigantes de gelo.

Ao fundo, a criação de Midgard é simbolizada pela mutilação e destruição do gigante Ymir, lembrando que a Terra nasceu do conflito e da transformação. A genealogia distinta é evidenciada com Thor e Frigga, descendentes de Fjörgyn, a Terra personificada, simbolizando a união entre o humano e o divino.

Thor, como força protetora, é um alívio e uma fonte de segurança para as mulheres, que aparecem na cena com expressões de esperança e confiança, abrigadas pela proteção das runas e pela presença do poderoso Thor.

Essa ilustração encapsula o enfrentamento dos desafios, a proteção e o alívio que vêm com a superação do infortúnio, destacando a importância das relações e do desenvolvimento humano através das adversidades.

Ansuz

Tags: desbloqueio, integração do inconsciente e do consciente; presença de uma ordem, do sentido e da razão que acontecem sem serem buscados; o princípio vital e a atividade mental; o que pode ser transmitido, a tradição.

Quando falo de Ansuz ao longo do tempo, inevitavelmente penso no seu elemento mais conhecido, o ar, tendo o som como sua principal expressão. É marcada por razão, inteligência, comunicação e sensação de presença. Mostra-se na respiração consciente que aprendemos com exercícios de respiração (pense nos Pranayamas dos hindus), no tom de voz (até no silêncio), no canto e nas canções, no Galdr, no fio da lâmina invisível, ou seja, na importância da palavra.

Ansuz expressa o princípio vital e a inspiração, simbolizando os presentes recebidos por Ask e Embla, os troncos de árvores ancestrais de toda a raça humana. Eles receberam espírito, respiração e atividade mental, o que preserva em cada um de nós o presente dos deuses, revivido a cada rito e prática mágicka através do tempo. Diferentemente das runas anteriores, misteriosas e incertas, aqui temos algo mais acessível em nosso cotidiano. Então, ainda vislumbramos o longo manto de Odin, ao vento no horizonte, sinalizando sua caçada selvagem.

Há uma certa ideia que remete alguns ao Graal nesta runa, por conta de uma noção chamada receptáculo & conteúdo, relacionada ao conceito de princípio vital e atividade mental. Vemos isso no mito de Odin, quando ele se imola para receber as runas e, assim, expressar o poder delas. Nos ritos, tal mistério é encarnado no Drinking Horn (receptáculo) e no Hidromel conjurado ou consagrado com forças espirituais e servido nele (conteúdo) para a proclamação de um poderoso Blöt (ou brinde aos deuses e deusas). Essa é uma ideia que aprendi nas palestras sobre runas da grande Mirella Faur.

A ideia de um poder mágicko ancestral que se transmite de geração em geração é bem interessante aqui, se considerarmos o mito de Ask e Embla como nossos ancestrais. A transmissão da palavra, da poesia, dos saberes, do hábito, dos costumes, da moral, da genética e de tantos outros conhecimentos, através dos que já viveram para os que vivem e ainda para os que viverão, parece-me uma boa expressão desta runa. Isso a aproxima bastante da ideia de uma árvore da vida, à sua própria maneira, ou Yggdrasil, para os escandinavos. Sim, estamos agora em domínios dos deuses Aesir.

Os deuses Aesir, para contextualizar, descendem de Buri, de quem já falamos nas runas anteriores. Buri foi pai de Borr, que, por sua vez, casou-se com Bestla e teve como filhos Vili, Vé e Odin. Dessa maneira, tudo veio a existir entre contrastes, antagonismos e cooperações inesperadas. Ansuz é a runa que estabelece a ponte entre o inconsciente e o consciente, oferecendo, assim, o conhecimento sagrado, o tal do receptáculo e do conteúdo que pode ser transmitido adiante, abrindo a boca e se expressando conscientemente com presença de espírito, desbloqueando e abrindo os caminhos.

Retomando o pensamento de uma árvore da vida ou do mundo enquanto receptáculo e conteúdo, vem à mente Yggdrasil, cujo nome significa "o valente corcel de Odin", um cavalo de oito patas, uma para cada grande celebração escandinava, segundo pagãos contemporâneos. Penso em oito mananciais ou regiões de poder, diante de uma nona que somos nós. Meu devaneio, naturalmente.

Odin é retratado inicialmente como xamã e ferreiro, depois como deus em alguns relatos e estudos, o que torna ainda mais importante e interessante seu papel, demonstrando como o saber e a habilidade transformam o indivíduo por meio do que hoje chamamos de alquimia interior. Como deus, é o pai de todos e, mesmo detendo poderes irrestritos, ainda se consulta com a cabeça de um morto e viaja disfarçado, fazendo pactos, alianças ou simplesmente agindo descompromissadamente para ver o que os outros farão com seus presentes.

Odin e Ansuz partilham o fato de não se deixar conter ou restringir por falas e tampouco por embates. Odin, enquanto deus, é o doador da vida e da morte, comandando aquela força moldável que assegura a troca de peles e formas e demanda sabedoria e habilidade para sua eficácia. Refere-se ainda à importância da bainha para a espada e do rio para os barcos. Vemos, em outras correlações, novamente a ideia do receptáculo e do conteúdo, pensamento e voz, por exemplo. A ideia da tradição e do perene que se perpetua é particularmente clara nesta runa.

Enquanto os deuses Aesir representam uma tradição (o Perene) e uma ordem natural das coisas, é por meio deles que os mortais recebem uma Valhalla para os que tombaram em combate, uma esperança no fim dos tempos. É com Odin que eles aprendem como uma terra fértil com fontes de água, um bom rio e uma saída para o mar é importante para viver bem, criar sua família e ter um pouco de paz.

Visualização Mágicka: visualize uma majestosa árvore da vida, Yggdrasil, erguendo-se imponente no centro da cena, suas raízes profundas conectando os nove mundos e seus ramos estendendo-se pelo cosmos. Pendurado em um dos galhos mais altos está Sleipnir, o corcel de oito patas de Odin, simbolizando a viagem e a travessia entre os reinos.

Ao pé da árvore, Odin aparece com um semblante sábio e resoluto, um conselheiro que não se esquiva dos embates. Em uma mão, ele segura uma lança, simbolizando sua força e poder como doador da vida e da morte. Na outra, ele carrega uma runa brilhante, representando sua sabedoria e habilidade em trocar de formas e usar a magia.

A cena também inclui rios serpenteando a paisagem, servindo como caminhos para viagens, e bainhas para espadas, simbolizando a preparação para batalhas e proteção. Ao fundo, uma terra fértil com saída para o mar representa um lugar ideal para viver bem, criar famílias e encontrar paz.

A chegada de Odin e dos deuses Aesir é marcada pela construção de Asgard, uma fortaleza celestial brilhante e imponente no horizonte, e Valhalla, o grande salão dos bravos que tombaram em batalha, seus tetos dourados refletindo a luz do sol.

Odin é retratado como xamã e ferreiro, sua figura cercada de ferramentas de forja e elementos de magia. Ele é o pai de todos, versado nas artes de forjar metais, moldando não apenas armas, mas também o destino dos homens.

A estabilidade, a supremacia e a visão de Odin são evidentes na sua postura e no seu olhar, trazendo a promessa de uma boa morte para todos os bravos que vivem e lutam sob sua proteção. Em torno dele, guerreiros e famílias encontram-se em paz, simbolizando a harmonia e a prosperidade que ele traz.

Essa cena captura a essência de Odin como um símbolo de sabedoria, força, proteção e estabilidade, mostrando seu impacto profundo na vida e no desenvolvimento humano através da mitologia nórdica.

RAIDHO

Tags: o movimento pelo movimento; o ciclo ou a jornada solar; o papel do cavaleiro ou da amazona; apenas o morto permite que passem sobre ele; o viajante se transformando durante a viagem.

Raidho é sobre movimento e deslocamento, tal como o valente cavaleiro que se lança ao desconhecido enfrentando o incerto, o caos e o imprevisível para resgatar a donzela — que às vezes pode ser a sua própria alma. Uma abertura um pouco exagerada para falarmos de Raidho, eu concordo.

Enquanto aprendemos a integrar o desconhecido e o conhecido em Ansuz, assim recebendo o saber ancestral em Raidho o colocamos em perspectiva e movimento infindável. Também revivemos uma sentença do grande "runósofo" Johannes Bureus (Suécia, anos 1600), quando este pensava na atmosfera desta runa: "Apenas os mortos permitem que qualquer um passe sobre eles!".

O movimento enquanto alegria do viajante é uma ideia pertinente à atmosfera de Raidho. Se há movimento, temos implacavelmente a roda das Nornes em ação e o papel do Destino atuando sobre todos os envolvidos, no caso o viajante, a carroça, a embarcação, a montaria e todos os cenários, estâncias e estações. Se a runa Ansuz era a abertura dos caminhos, Raidho é a jornada em pleno movimento.

Eu arrisco incluir, aqui, a transformação alquímica do viajante pelos eventos que se sucedem durante a viagem realizada — mas isso abriria uma longa discussão que nos afastaria do cerne desta obra. Na conclusão de qualquer viagem, busca ou jornada, jamais somos os mesmos que a iniciamos; o que éramos se mistura com o que almejamos e uma terceira força vem disso. Há uma certa noção de "tornar-se", como diriam meus primos do caminho da mão esquerda.

Raidho é o movimento pelo movimento, que nunca cessa — uma afirmação que experimentei na lida prática com ela. Outra verdade incomum e estranha sobre ela é a maneira como ela decreta e pontua que sempre haverá servos e senhores através dos tempos, das tribos e dos reinos, independentemente do que quer que achemos ou pensemos. Sempre haverá alguém decretando e alguém cumprindo a sentença do movimento e da viagem para isso ou aquilo.

Tal runa pode adquirir contornos e sentidos interessantes quando ampliamos o nosso olhar de movimento ou da ideia de um cavaleiro e sua jornada. O primeiro deles diz respeito aos mitos da chamada jornada solar através dos céus, presentes em diversas tribos, em tantos tempos e reinos. A jornada do herói ou ainda do sol através das 12 casas do zodíaco oferece marcadores interessantes e diálogos riquíssimos. Pode ser nos personagens das Eddas ou das Sagas, mas repare como iniciam e como se transformam diante de suas jornadas.

Eu falo bastante de cavaleiros, mas também podemos pensar, aqui, no papel da carroça ou do carro de guerra, que demandam a integração do condutor e a sinergia dos animais que puxam tal carro para que o condutor encontre seu destino. Em nossos dias, você pode pensar como certos temas predominantes e recorrentes em seu cotidiano conduzem você do que era para o que está a se tornar, seja em ideias, relacionamentos, atitudes, posturas, escolhas e afins.

Visto que falamos de cavaleiros e carros de guerra, da constante do movimento pelo movimento, do destino, de senhores e da transformação causada pela viagem no viajante, seria injusto não considerar a presença dos *Genius Loccis* ou, no caso escandinavo, dos anões como representantes dos seres do limiar e da ação infindável dos acontecimentos quase mecânicos do ecossistema, dos nossos automatismos ou mesmo dos processos fervorosos e obsessivos do nosso próprio inconsciente — e as buscas e demandas pelas quais todos eles nos afetam e, assim, colocam-nos em movimento por meio da necessidade, em jornadas estranhas na vida como ela acaba sendo.

Visualização Mágicka: imagine uma cena dinâmica, repleta de movimento e simbolismo. No centro, um cavaleiro corajoso, em uma armadura reluzente, cavalga em meio ao caos com uma expressão determinada enquanto avança para resgatar uma donzela. Sua jornada é perigosa, enfrentando criaturas e desafios que surgem à sua frente, mas ele avança com coragem e propósito.

Acima, o sol atravessa os céus, marcando a passagem do tempo e simbolizando a jornada solar diária. Ao lado do cavaleiro, uma carroça ou um carro de guerra avança implacavelmente, seus raios e rodas destacando o movimento constante e a felicidade que vem com a viagem e o deslocamento. Esse veículo é tanto um símbolo de progresso quanto de destruição, movendo-se sem parar em direção ao seu destino.

Em um canto da cena, as Nornes — Urd, Verdandi e Skuld — giram a roda de fiar (roca), tecendo os destinos dos homens. A roda representa a sorte e a boa fortuna, girando incessantemente e influenciando os eventos do mundo. As Nornes estão concentradas, suas mãos ágeis e precisas simbolizam o controle sutil, mas poderoso, que exercem sobre a vida.

O mundo ao redor é um cenário de constante mudança e transformação. Montanhas se erguem e desmoronam, florestas crescem e desaparecem, rios mudam de curso, tudo refletindo a natureza volátil do mundo. O cavaleiro, em sua jornada, é uma figura de estabilidade e propósito em meio a esse caos, tentando cumprir seu destino.

Nas profundezas da terra, os *Genius Loccis*, ou anões, trabalham secretamente, forjando e criando nas sombras. Eles são os artesãos invisíveis, cujas mãos habilidosas moldam armas, joias e destinos. Sua presença é sugerida por brilhos e faíscas que emanam das cavernas subterrâneas, indicando a constante atividade e criatividade que ocorre fora da vista.

Ao fundo, o contraste entre senhores e servos é evidente. De um lado, figuras nobres e poderosas supervisionam com autoridade, enquanto, do outro, trabalhadores e servos se movem com diligência e esforço. Essa dualidade destaca a realidade do mundo, onde o poder e a subordinação coexistem.

Finalmente, uma figura morta repousa em paz, no chão, intocável e serena. A mensagem é clara: apenas o morto deixa que pisem sobre ele, enquanto os vivos continuam a lutar, a se mover e buscar cumprir seu destino.

Essa cena encapsula a essência do movimento, da jornada heroica e das forças invisíveis que moldam o destino humano, oferecendo uma reflexão profunda sobre as relações e o desenvolvimento em um mundo em constante transformação.

KENAZ

Tags: a chama, o elemento fogo e todo o repertório de sua magia; a fricção e o atrito entre os contrastes e as faíscas que se iniciam; o sexo e a sexualidade; a abertura para estudos ocultos; o calor do processo extático e do Seidr.

Kenaz representa a chama em suas diversas variáveis e, principalmente, o elemento fogo. Quando escrevo "variáveis", é porque temos um vasto catálogo que percorre desde circuitos e atmosferas mais sublimes e espirituais até reações fisiológicas de cada um.

Algumas vezes é a chama quente, prazerosa e confortável da lareira dentro de casa. Outras, é o tocheiro que vence a escuridão e o frio de uma noite miasmática. É a tocha das procissões do fogo novo que abençoa os prados e plantações. É o calor do forno preparando os alimentos. É a chama ou o calor que altera propriedades e qualidades de um elemento alquimicamente. É o abrasivo fogo de um maçarico. É o olhar rubro e vampyrico, refulgente como o fogo do inferno.

Tal runa marca uma abertura para o oculto na vida dos praticantes, oferecendo a percepção de uma luz diferente daquela que projeta as imagens quando contemplamos, meditamos ou sonhamos, tal como um sol oculto. Esta nos aproxima de mentores espirituais, deidades tutelares, ou mesmo nos desvela um corpo de sonho ou duplo etéreo.

Ela pode levantar ou derreter os véus entre realidades sublimes, por exemplo, no uso mágicko em visualizações e scryings. Usada com disciplina e método, permite distinguir a voz da intuição dos devaneios e alucinações do cotidiano. Ela também desperta habilidades latentes e a criatividade prática de cada um quando bem dosada. Atrai vitalidade e atitudes positivas.

É o tom ígneo atribuído a uma fala acalorada ou mesmo furiosa de um líder ao incitar seus combatentes a ter coragem diante do exército inimigo. É o poeta inflamado que declama quase como que possuído pelo fervor do próprio Odin. É um estado de fricção entre o inconsciente e o consciente, entre os hemisférios cerebrais, gerando fervor e calor.

É a sensação de calor que vem da planta dos pés e sobe para o corpo durante certos ritos de Seidr ou atividades mágickas invocatórias que antecedem um transe ou ainda o processo extático. É a sensação de calor experimentada por muitas pessoas nas saídas astrais ou em sonhos lúcidos. É a chama que experimentamos em estado de gnose. Percebemos o fogo de Kenaz no avanço dos ritos pessoais que se utilizam de mantras e Galdrs.

Todo entendimento e repertório do que é atribuído à magia com o elemento fogo, a luz e o calor, em todo seu espectro, desvelam-se a partir de Kenaz, seja nos aspectos elaborados ou caóticos. Isso inclui magia com velas, lamparinas e fogueiras. Havendo a chama, estamos nesta runa e ligados ao mítico Muspelheim. Percebem a amplitude do que é catalogado e atribuído à atmosfera de Kenaz, meus nobres leitores?

É o calor que arde nas entranhas dos apaixonados. É o fogo passional do desejo realizado ou não realizado, sempre problemático. É a chama cardíaca, sempre presente em representações de um coração flamejante, muito comum entre imagens católicas, mas que se mostra presente no ideário sueco do sigilo Thesaurus

Adulruna, de Johannes Bureus. Também é a chama no atanor, ou fornos alquímicos, e na forja do ferreiro.

Esta runa ainda abrange o calor corporal expresso no rubor que tinge as faces da donzela, ou o calor de natureza sexual nas partes íntimas, o qual atinge as mulheres e os homens, expresso como tesão ou volúpia. Na linguagem figurativa, a fricção dos órgãos sexuais durante o ato é comparada a faíscas e à geração de fogo sagrado, na linguagem dos bardos e menestréis do passado.

Se Kenaz representa o calor fisiológico, ela abarca também o estado febril ou infeccioso, caracterizado pelo fervor e a febre. Lamentavelmente, ela também versa sobre a perturbação e o incômodo que a úlcera causa em crianças e adultos. Fala sobre acidez e inflamações diversas. É preciso entender o lado trágico quando lidamos com a natureza, não é mesmo?

Nessa atmosfera de Kenaz, há a sensação boa do fogo e do calor que ele proporciona, deixando-nos experimentar sonhos e planos de uma nova vida, de conforto, prazeres, paixões, amores e incontáveis mistérios. Ela desvela significados e sentidos ocultos de outras runas.

Visualização Mágicka: visualize uma cena vibrante e cheia de vida, onde o elemento fogo assume múltiplas formas e significados. No centro, uma grande fogueira arde intensamente, suas chamas dançando e iluminando a área ao redor. Essa fogueira traz prazer e felicidade, reunindo ao seu redor pessoas em busca de calor e conforto.

Em um canto, uma mulher com o rosto ruborizado reflete o calor interno que sente, uma expressão de paixão e desejo. Próximo a ela, um casal apaixonado é consumido por um fogo bruxo que arde nas suas entranhas, simbolizando a intensidade do amor e da paixão.

Ao lado da fogueira, um ferreiro trabalha em sua forja, moldando metais com precisão e habilidade. As chamas de sua forja brilham intensamente, representando a criatividade e o potencial para a nova vida que cada peça forjada traz.

Em outra parte da cena, uma criança está visivelmente incomodada, simbolizando a perturbação e o incômodo de uma úlcera. O fogo, aqui, representa não só a cura e a dor, mas também o calor da febre que anuncia doenças, a inflamação e a acidez que afligem o corpo.

Ao fundo, figuras envolvidas em rituais mágicos manipulam chamas em suas práticas de Seidr e outros ritos. Elas estão cercadas por uma aura de mistério e gnose, o fogo representando o êxtase e a transformação espiritual que vem com os conjuros dos Galdrs, os mantras rúnicos.

No centro da fogueira, um coração flamejante flutua, remetendo às imagens católicas do coração ardente de Jesus, simbolizando paixão e devoção. Esse coração é um ponto focal de amor, sacrifício e fervor espiritual.

A cena também destaca o fogo como um elemento dual — tanto benéfico quanto perigoso. Enquanto algumas figuras encontram conforto e nova vida ao redor da fogueira, outras lidam com os aspectos negativos do fogo, como a febre e a úlcera, representando a fragilidade da vida e a linha tênue entre cura e dor.

Essa ilustração capta a amplitude e a profundidade do elemento fogo, mostrando sua influência abrangente nas paixões humanas, nos trabalhos criativos, nas práticas místicas e nos desafios de saúde, encapsulando uma vasta gama de experiências e emoções.

GEBO

Tags: as trocas, os relacionamentos; a sabedoria sobre o que é esperado diante do recebimento de alguns presentes; o sacrifício e o abrir mão do conforto para cumprir uma promessa ou pacto; a encruzilhada entre os mundos e as trocas com o invisível.

A runa Gebo fala sobre trocas, presentes, a maneira como nos relacionamos e suas consequências — só para contextualizar a sua atmosfera de uma maneira mais básica. Isso nos leva aos pontos mais interessantes de sua simbologia, incluindo a reciprocidade e alguns princípios como "caminhar naquilo que se fala" e a "palavra dada não recua". Ela nos leva também aos pactos e juramentos que realizamos e firmamos com nossos pares e com o sublime.

Pensar que, no perene e no cotidiano, tudo que recebemos vem na proporção do que entregamos e doamos é uma ideia pertinente quando nos referimos a Gebo e sua atmosfera. A sorte que vem da nossa generosidade é algo pontual nesse sentido — há até quem diga que o ato de cruzar os dedos ou levar as mãos ao bolso diante de uma inesperada sensação de prosperidade faça parte dessa atmosfera.

A maneira como nos relacionamos e como escolhemos nos aproximar mais de uns do que de outros diz realmente muito sobre nós. O quanto estamos disponíveis para nos envolver, engajar, colaborar, doar e acolher deve ser correspondido pelo outro na mesma intensidade e entrega. Falando, parece fácil não é mesmo?

A sentença mais conhecida atribuída a Gebo pelos escandinavos é: "Um presente sempre demanda outro presente", o que chama a atenção para como lidamos com os atos de receber e de ofertar, além de fazer um alerta importante sobre o que será cobrado ou esperado de nós ao aceitarmos certos presentes.

Isso, aliás, é algo bem presente no imaginário deles de longa data. Mais do que algo sinistro, há aqui uma busca por equiparação e harmonia, por relações justas e com certo equilíbrio entre todas as partes. Há algo importante nisso, nobres leitores.

Gebo retrata dois gravetos cruzados formando um "X"; um significa doar, e o outro, receber. Eles têm a mesma medida e dão a entender uma relação harmoniosa com terceiros ou com a própria natureza e a atmosfera onde se vive. Tudo muito bonito, né? E se o amigo estiver enfrentando uma calamidade ou momento de necessidade imprevisível, como fica? Você abre mão do seu conforto e estabilidade para ficar lado a lado e saírem da situação? Pense bem, é fácil falar de harmonia, equidade e reciprocidade na fartura e abundância. Mas você está preparado ou preparada para sacrifícios diante do infortúnio?

Calma, aqui os sacrifícios não envolvem flagelos ou autonegação; eles estão mais relacionados a ceder ou lembrar o tempo necessário dos deuses, dos ancestrais e de outros seres. Às vezes, é sobre arranjar tempo para ficar com seus parentes mais idosos.

O deus escandinavo Tyr, muito honrado e reconhecido por seus pactos e acordos, teve que perder uma mão, que foi devorada pelo lobo de Fenrir, para cumprir com sua palavra. Essa é uma das histórias mais populares atribuídas a Gebo.

Amizade, parceria ou mesmo enlaces familiares são coisa séria. A união e a proximidade requerem o cumprimento de certos pactos, hábitos e costumes — declarados ou não — que estabelecem um território comum entre todos. São coisas que vêm da convivência e coexistência; não é algo que passa por decretos ou estatutos. São do mesmo traço afetivo que estabelece um certo ceticismo ao que foge disso ou indica algo desequilibrado no relacionamento.

Para nós, que moramos logo abaixo da floresta amazônica, é natural olhar para Gebo e pensar em uma encruzilhada, algo quase instintivo — e vou lhe dizer que não estamos errados ao perceber isso. A runa representa lugares ou pontos de força na natureza onde é comum verter libações e entregar oferendas aos seus senhores e senhoras invisíveis. São lugares de encontros entre este e o outro lado, onde acordos e pactos são firmados, bênçãos e maldições são acolhidas ou encerradas.

Visualização Mágicka: imagine uma cena rica em simbolismo, centrada na ideia de troca e união. No meio da imagem, duas mãos se encontram, uma oferecendo e a outra recebendo, simbolizando a reciprocidade e o equilíbrio do dar e receber. Atrás delas, dois gravetos cruzados formam uma cruz com braços iguais, representando a união harmoniosa entre pessoas e entre pessoas e a natureza.

Ao redor dessas mãos, uma comunidade de seres humanos interage em um ambiente natural. Pequenos grupos trocam presentes, como fungos, ouro, prata e diamantes, cada troca marcando a formação de pactos, amizades e juramentos. Essas trocas ocorrem em um clarão de floresta, um lugar sagrado de poder, onde as pessoas levam oferendas aos espíritos invisíveis que governam a natureza. As oferendas são colocadas em altares rústicos, feitos de pedras e madeira, irradiando uma aura mágica.

Em um canto da cena, Tyr, o deus nórdico, está retratado no momento crucial de sacrificar sua mão ao lobo Fenrir. A expressão em seu rosto é de determinação e aceitação, sabendo que seu sacrifício é parte de um pacto maior que anuncia o Ragnarök. Esse momento solene é observado por outras figuras mitológicas, destacando a gravidade dos juramentos e os sacrifícios que podem exigir.

Ao fundo, a paisagem natural é exuberante e poderosa, com árvores antigas e imponentes, fungos brilhantes emergindo do solo e a luz do sol passando pelas folhas. Esse ambiente sugere que a natureza participa ativamente da comunhão e troca entre os humanos, oferecendo suas próprias dádivas e bênçãos, mas também alertando sobre as maldições que podem acompanhar presentes mal-intencionados.

A cena capta a essência da troca e da união no imaginário escandinavo, mostrando como cada presente e cada juramento têm um peso e uma consequência. A presença de elementos naturais e mitológicos reforça a conexão profunda entre as pessoas e o mundo ao seu redor, sublinhando o papel crucial da reciprocidade, dos pactos e dos sacrifícios na teia da vida e do destino.

Wunjo

Tags: a camaradagem e a harmonia dos que vivem sob a mesma bandeira; os bons ventos e a inspiração; as boas novas; o movimento na paisagem e para onde leva nossa percepção; o ato de receber o que é dado com alegria e na conclusão de promessas.

A primeira associação que me vem ao olhar a forma da runa Wunjo é a de uma bandeira, talvez a bandeira da tribo ou do clã. Há alguma coisa relacionada ao final da aflição, uma promessa de jovialidade e de estarmos onde deveríamos estar.

Embora possa soar como um clichê, é a marcação de um lugar para se chegar, algo interessante dentro de um mundo onde todos estão sempre indo, sem jamais chegar a coisa alguma. Então, há um sentido de benção e de realização de um desejo, de esperança e de frutificação bastante comedida e sóbria. Mas espere: há mais, muito mais.

A bandeira e o vento têm uma intimidade própria; sem ele, falta alguma coisa. As velas de um barco também dependem dos bons ventos para realizar sua vocação e conduzir o navegante ao seu destino e propósito. As velas da embarcação, a bandeira, os cataventos das fazendas e todos que dependem de tais aparatos contam e fazem da força dos ventos aquilo de que precisam. Para mim, essa é a atmosfera de Wunjo — o que fazemos dos ventos, para o bem ou para o mal, em nossa vida.

Trata-se da direção para onde o vento sopra e do movimento que causa na paisagem. Pense nas veletas e nos cataventos das fazendas, e em como o povo dos campos tira dali informações importantes sobre a direção dos ventos para suas plantações.

Para a gente da cidade, é a sabedoria e o prazer de sentir para onde o vento está soprando em nossa vida. Falo principalmente do que vem da inspiração para, assim, tirarmos vantagem e usarmos isso a nosso favor. Isso se derrama sobre nossos relacionamentos, negócios, vida profissional, escolhas acadêmicas e, claro, nas atitudes e posturas que tomamos no decorrer da vida como ela acaba sendo. É a chegada da boa nova, como dizem alguns. Falamos sobre o que experimentamos quando sentimos a plenitude em nosso coração.

Os escandinavos do passado se organizavam em clãs e comunidades. Cultivar uma certa harmonia e experimentar a força de atração que essa proximidade lhes oferecia era algo vital na lida com o relevo (a terra) e o clima (gélido), bem como com os contrastes e reveses, constantes e súbitos. Era importante destacar as mesmas origens das pessoas de uma região, para garantir cooperação e alguma empatia diante desses desafios constantes. Era preciso que todos atuassem em conjunto, muitas vezes para simplesmente sobreviver. Em outras, simplesmente pelo entrosamento, a satisfação e a alegria que vinha de estarem sob a mesma bandeira.

Wunjo também expressa, à sua maneira, a habilidade de se colocar diante de si e dos outros, confiando naquilo que carrega e expressa, sem arrogância ou vaidades intelectuais — algo que artistas, performers, músicos e dançarinos conhecem muito bem.

Existe algo de natalino nesta runa, dada a sua força e natureza realizadora de desejos, segundo a produção literária sobre a mística rúnica das últimas décadas. Esta aponta para Wunjo como o prazer de receber, como aquilo que vem da força de entregar alegria, seja no cumprimento de um objetivo ou na conclusão de uma promessa. A questão natalina remete a uma das faces teutônicas do invencível Odin, chamada de Oski, muito semelhante ao Santa Klaus ou ao Papai Noel, que distribui presentes às crianças boas e varadas de ramos de bétula às crianças más, no 6 de dezembro. Como era de se esperar, ele era visto montando seu corcel negro, Sleipnir, em alguns relatos. Em outros, ele montava alces de mesma pelagem, acompanhado nos ventos noturnos por seus pares de corvos e lobos.

Wunjo também versa sobre o casamento do céu e da terra, dos elementos ar e terra, expresso nas imagens de Odin e Frigga, que anunciam boas novas e tempos melhores a todos os vivos de um clã ou de uma região que compartilham. União e renovação perpétua atestam uma vida bem vivida, marca de uma jornada extraordinária.

Como falamos de glifos poderosos que existiram através de longos períodos e de muitas regiões, é preciso considerar que, em outros lugares, tal runa era do generoso Frey. Lá, ela simbolizava varas e cajados usados em procissões para apaziguar as tribos e abençoar as colheitas, promovendo a prosperidade, seu traço característico.

Visualização Mágicka: imagine uma cena vívida e animada, centrada no poder e na influência dos ventos. No meio da paisagem, um navegante está em seu barco, com suas velas cheias pelo vento, expressando alegria e liberdade enquanto ele desliza sobre águas calmas. O vento é a força vital que guia sua jornada, proporcionando movimento e direção.

Ao longo das margens, veletas e cataventos adornam as fazendas, girando e apontando para a direção do vento. Essas estruturas são símbolos da sabedoria ancestral de aproveitar o vento, representando a inspiração e a boa nova que ele traz. Cada catavento é decorado com padrões vibrantes e símbolos rúnicos, refletindo a diversidade e a riqueza das tradições locais.

No fundo, uma grande celebração está acontecendo. Odin e Frigga estão unidos em um casamento sagrado, simbolizando a união entre ar e terra, a personificação da união e renovação perpétua. Odin, com sua figura imponente, e Frigga, com sua graça serena, estão rodeados por deuses, deusas e mortais que celebram essa união divina. A felicidade e a plenitude irradiam da cena, capturando a essência da totalidade e da harmonia.

O ambiente natural ao redor é exuberante, com árvores balançando suavemente ao ritmo do vento e campos floridos se movendo em ondas. Pássaros voam no céu, acompanhando a dança dos ventos, e flores desabrocham em resposta ao suave sopro do ar. Essa paisagem em movimento transmite a ideia de que o vento traz vida e renovação constante.

A expressão de felicidade no rosto das pessoas reflete a recompensa de uma vida bem vivida e de uma jornada extraordinária. Crianças correm e brincam, aproveitando a brisa, enquanto os mais velhos observam com sorrisos de contentamento, relembrando sua própria jornada.

Essa ilustração captura a essência de Wunjo, mostrando como o vento pode ser uma força de alegria, inspiração e renovação. A união de Odin e Frigga simboliza a felicidade e a plenitude que vêm da harmonia e do amor, enquanto a presença do vento em toda a cena destaca sua influência positiva e transformadora na vida e na natureza.

2º Aettir

O segundo Aettir ilustra as forças antagônicas, aquelas que bagunçam as coisas para alguém colocar em ordem depois, promovendo o desenvolvimento e a evolução. A ideia de forças restritivas expressas pela própria natureza é especialmente cara neste ponto.

Olhando mais de perto, ele é regido por Heimdall e Mordgud, tratando de afetos, sentimentos e sentimentalismos. Seus regentes nos educam a vencermos obstáculos e desafios inescapáveis — e colhermos seus resultados. Em outro momento, ensinam a lidar com empecilhos, frutos de devaneios e pensamentos em que nos sabotamos de diversas maneiras para não alcançar o sucesso.

HAGALAZ

Tags: granizo; flocos de neve; caos; Wyrd; raízes; transformação; causalidade; nevascas; resistência; destino.

Os escandinavos associam esta runa ao nome de Odin, por representar o granizo e os flocos de neve que caem do alto, além de portar a memória de sua ancestralidade. Ao mesmo tempo, os autores ocidentais reforçam seu lado disruptivo que leva a transformações, mas pecam por não considerar o quanto se expor ao caos pode realmente assegurar uma transformação mais estruturante. Nesse caso, o frio é o marcador principal.

Hagalaz é evocativa no sentido de que o grão e o floco de neve marcam o início do que gera uma nova vida. Nos seus desenhos mais clássicos, ela representa a estrutura dos nove reinos sagrados escandinavos. Ela é a runa-mãe, pois todas as outras runas podem ser extraídas de suas formas geométricas, segundo alguns. Se Kenaz é o fogo e seu repertório, Hagalaz é o gelo e o seu repertório completo. O caos e o que está fora de controle, o que leva plantações, animais e seus proprietários à morte ou ao infortúnio. Ainda assim, ela limpa os ambientes e prenuncia o arco-íris, abrindo passagem para o que virá.

Na forma que utilizamos de Hagalaz, ela porta um sentido de coesão entre forças opostas. Também aponta para raízes de afetos e pensamentos, e como estes se adensam em nós, atuando como mediadora entre o alto, o baixo e o ser humano.

No instante que o granizo ou o floco de neve cai sobre a terra, ele inicia sua jornada e, portanto, seu destino, mas vamos encará-lo como causalidade e consequência. Isso nos aproxima das teias de Wyrd, sempre alternantes, cujos fios misturam o que herdamos e como lidamos com o que vem dos ancestrais, da comunidade onde vivemos e de tudo aquilo que foi dado pelas Nornes.

Escolhas são coisas delicadas, não é mesmo, meus nobres leitores? Wyrd implica entender como somos afetados pelas escolhas de outros, vivos ou não, e pelas nossas próprias decisões. Que lições e aprendizados tiramos disso, e como nos aprimoramos diante de tudo isso? A que estranhas atmosferas nosso coração e nossa presença de espírito hão de se conectar?

Na leitura, Hagalaz se refere a mudanças drásticas e realmente impactantes na sua vida, as quais o elemento água e principalmente aquilo que é gélido irão lhe trazer. Aqui, na maior parte dos países tropicais, é realmente difícil ou estranho imaginar as consequências e os problemas ocasionados por nevascas e frio implacável, intimamente ligados a Hagalaz. Por outro lado, tudo que sobrevive e é resistente ao frio porta a matéria e a atmosfera de Hagalaz: o teixo, a mandrágora, ônix, sementes, milho e mesmo pregos de ferro.

Algumas vezes, experimentamos Hagalaz como o início de uma jornada em que abarcamos um bom começo, gestamos possibilidades e isso nos leva a um destino trágico — são marcadores inerentes à natureza humana. Toda morte através do percurso é sempre trágica nesse sentido; o final na velhice e no desvanecer das habilidades também o é.

Ainda assim, a jornada de despertar, buscar sabedoria, passar por erros e acertos realmente vale a pena ser vivida — ainda que ela seja muito mais sobre iniciar do que realmente concluir alguma coisa. Na carne e na matéria, somos abraçados pela limitação de não saber ou alcançar mais do que realmente sabemos ou alcançamos. Hagalaz, então, oferece-nos um vislumbre de algo mais.

Quando leio os escritos de Johannes Bureus (Suécia, anos 1600), reparo que a atribuição a Odin como um ceifador sinistro, que cobra o preço do destino ao lado de Hel, torna-o ainda mais interessante. Quando pensamos na ideia de um destino mau ou ruim, entendemos que, a partir do momento que nascemos, asseguramos que morreremos no futuro.

No momento que Odin escolheu liderar os Aesir, conceder o dom da vida aos humanos, estabelecer Asgard e Valhalla, ele colocou o destino em movimento — e assim assegurou a sua morte em certo momento. O tempo sagrado é cíclico, diferentemente do tempo profano, e Hagalaz nos educa nesse sentido.

Visualização Mágicka: imagine uma paisagem escandinava sob um céu cinza, carregado de nuvens; flocos de neve começam a cair suavemente, cada um deles é uma promessa de transformação e renascimento. A neve cobre lentamente os campos e montanhas, trazendo a sensação do frio penetrante, um lembrete da força primordial de Hagalaz.

No centro da cena, a figura imponente de Odin se destaca. Ele está cercado por símbolos rúnicos, incluindo Hagalaz, que brilha com uma luz gélida. Odin observa a neve caindo, sua expressão grave refletindo a sabedoria e o entendimento das forças que moldam o mundo. Ao seu lado, as Nornes tecem os fios do destino, suas mãos habilidosas entrelaçando passado, presente e futuro.

Abaixo, na terra, uma comunidade de agricultores luta para proteger suas plantações e rebanhos do frio implacável. Eles trabalham juntos, demonstrando resiliência e cooperação, sabendo que a neve traz tanto desafios quanto a promessa de um solo renovado e fértil. Crianças correm e brincam na neve, seus risos contrastam com a seriedade dos adultos; uma imagem de esperança e continuidade.

Em outro canto, um ferreiro forja ferramentas e armas, o calor da forja contrasta com o frio do ambiente. Esse equilíbrio de forças opostas representa a coesão e a harmonia que Hagalaz sugere, a interação entre o fogo de Kenaz e o gelo de Hagalaz.

Mais adiante, um grupo de sábios está reunido, discutindo as implicações das escolhas passadas e futuras. Eles refletem sobre as lições aprendidas e as consequências inevitáveis de cada decisão, conscientes de que suas ações são tecidas na grande tapeçaria do Wyrd.

Raízes de grandes árvores se entrelaçam com as pedras cobertas de neve, simbolizando as profundas conexões com os ancestrais e a terra. Essas raízes representam os afetos e pensamentos que se adensam e se consolidam dentro de cada indivíduo, mediando o alto e o baixo, o divino e o humano.

Na borda da cena, um arco-íris começa a se formar, um prenúncio de renovação e esperança após a tempestade. Esse arco-íris é um lembrete de que, mesmo após o caos e a destruição, há sempre a promessa de um novo começo e a possibilidade de um futuro brilhante.

Entre as figuras, uma jovem segura uma semente de teixo, pronta para plantar. A semente, resistente ao frio, representa a durabilidade e a força de Hagalaz, um símbolo de que a vida sempre encontra um caminho, mesmo nas condições mais adversas.

Essa ilustração captura a essência de Hagalaz — a runa da transformação, do caos e da renovação. A neve e o granizo simbolizam o início de algo novo, a limpeza e a preparação para o que está por vir. As interações humanas, os símbolos rúnicos e os elementos naturais se unem para contar uma história de resiliência, sabedoria e a eterna dança entre a criação e a destruição, destacando a importância das escolhas e a inevitabilidade do destino.

NAUDHIZ

Tags: necessidade; perseverança; aperto; atrito; opressão; resistência; bloqueios; intenção; desejo.

Naudhiz se refere àquele aperto que bate forte no peito, tal como um presságio — não como aqueles sentimentos paranoicos e gratuitos que nos assolam no cotidiano. Dessa maneira, esta runa pode se tornar a fonte de salvação e sucesso, se reconhecida no momento de sua manifestação. Ela inspira o desenvolvimento da perseverança e da resistência, inclusive quando usada magickamente. Atrito entre pares opostos é de sua natureza.

A palavra "necessidade" é bastante recorrente na abordagem desta runa, no Ocidente. No meio popular, é a tal da necessidade como mãe da invenção. É a mesma que nos leva ao desenvolvimento de novas habilidades, ao esmero e à criatividade baseada na praticidade. É a lida com as soluções fora das certezas, das normas e do caminho óbvio na vida. Tais soluções não são simples e consomem espaço, tempo, neurônios e foco, domando nossas paixões pelo tempo que for preciso.

Outro ponto interessante e desafiante de Naudhiz é aprender a dar o braço a torcer e, assim, suprir necessidades e carências nossas antes de ajudar terceiros. Necessidade e bloqueios apelam também para a paciência e a aceitação. É um processo, e cada coisa vem no seu tempo — não adianta tentar adiantar, apenas fazer o seu melhor e manter o foco e a fé diante das inevitáveis oposições momentâneas. É um percurso tortuoso.

Já entre os escandinavos, ela assume traços notavelmente mais interessantes, como o fato de ser associada ao trabalho e como este é sempre pautado na opressão e na necessidade. É uma runa ligada às Nornes e a Odin. Sua forma aponta os gravetos que precisamos para friccionar e acender o "fogo necessário". Conseguimos tal chama friccionando um graveto mais duro sobre outro mais macio. Foco, direção, intenção e uma vontade férrea são de sua atmosfera também.

Se em Hagalaz é apresentado o destino mau ou cruel, é aqui em Naudhiz que as escolhas são feitas, sempre envolvendo uma parte resistente e outra volátil, tal como vimos nas madeiras para acender o fogo da necessidade. É sempre assim, em pares opostos, o que dá o rumo de magia e bruxaria também. A conclusão se dá apenas na próxima runa, chamada Isa.

Embora não faltem atribuições a Odin nesta runa, ela evoca Loki intensamente no seu aspecto flamígero e genial (ou genioso), e em especial na descendência que vem das chamas. Nela encontraremos Sleipnir, o corcel de Odin, e Fenrir e Hel, enquanto filhos de Loki com a gigante Angrboda.

Nesse sentido, Naudhiz também diz respeito a desejar, mas com um tom que beira o desespero, tal como no mito do colar Brisingamen e a deusa Freyja. Interessante como o termo "Brisingr" tem relação com o fogo e o âmbar, atrelando a corrente de ar necessária para gerar o fogo. O âmbar e a resina são, por excelência, o mineral e a resina de Naudhiz. Quanto à aventura erótica de Freyja para obter esse colar, deixo para os leitores procurarem por sua conta e risco.

Concluo destacando que Naudhiz e sua atmosfera são pertinentes para entender e expressar nossas reais necessidades, antes de nos metermos a atender as dos outros. Isso há de nos libertar de mágoas, ressentimentos, frustrações e outros agentes parasíticos que nos acometem nas jornadas e processos mais tortuosos e serpenteantes.

Visualização Mágicka: imagine uma paisagem escandinava coberta por uma leve névoa. Um personagem central está sentado perto de uma fogueira, acendendo-a com dois gravetos — um mais duro e outro mais macio —, simbolizando o atrito necessário para gerar o "fogo da necessidade". Esse ato simples é carregado de significados profundos, representando a perseverança e a resistência inspiradas por Naudhiz.

Ao fundo, há uma pequena vila, com seus habitantes ocupados em suas atividades diárias. Um ferreiro martela o metal, uma tecelã trabalha em seu tear e crianças brincam perto de uma cabana. Todos mostram a relação íntima com o trabalho e a necessidade, como uma força motriz que molda sua vida e suas habilidades. As expressões em seu rosto variam de concentração a determinação, refletindo o desenvolvimento da criatividade e do esmero para suprir suas necessidades.

Em um canto da cena, uma jovem está ajoelhada, cuidando de uma pequena planta que brota do solo gelado, simbolizando a paciência e a aceitação necessárias para lidar com bloqueios e desafios. Ao seu lado, uma figura de Odin observa atentamente, segurando as runas e destacando o vínculo desta runa com as Nornes e a sabedoria ancestral.

A meio caminho, um homem observa as nuvens, pressentindo uma tempestade que se aproxima. Seu olhar é de alerta e prontidão, capturando o sentimento de necessidade que pode ser uma fonte de salvação, se reconhecido no momento certo. Ao mesmo tempo, Loki aparece sorrateiro, representando o aspecto flamígero e genial de Naudhiz, com uma chama brilhando em suas mãos.

No horizonte, a deusa Freyja caminha majestosamente, com o colar Brisingamen brilhando em seu pescoço. A cena evoca desejo e quase desespero, mostrando a força da vontade e o sacrifício necessário para alcançar o que se deseja profundamente. O colar de âmbar reflete a luz do fogo, simbolizando a ligação com o termo "Brisingr" e o elemento fogo.

Na paisagem, raízes de árvores se entrelaçam com pedras, simbolizando como as escolhas e as necessidades moldam o percurso da vida, sempre envolvidas em oposições e atritos. Em um plano mais elevado, as Nornes tecem os fios do destino, suas mãos habilidosas criando uma tapeçaria que inclui tanto o resistente quanto o volátil, em uma dança contínua de causalidade e consequência.

Essa ilustração captura a essência de Naudhiz — a runa da necessidade, do atrito e da transformação. Cada elemento da cena, desde o fogo aceso até a paciência na plantação e a presença de figuras mitológicas, reflete a luta humana por sobrevivência, inovação e realização pessoal. A combinação de todos esses elementos narra uma história de desafios e triunfos, onde a perseverança e a vontade são essenciais para enfrentar as inevitáveis oposições da vida.

ISA

Tags: silêncio; imobilidade; infernal; congelamento; sacrifício; frieza; persistência; estagnação; destino; inverno.

Isa é uma runa que versa sobre a difícil arte do silêncio e de permanecer em pé e imóvel — seja na vida ou na morte. Talvez fale algo que encontramos em centros temporários durante o estado de contemplação. Para os escandinavos, essa é uma maneira leve de falar sobre como esta runa assinala o final da experiência e da jornada humana. Há algo de infernal em tudo isso, uma falta de movimento, um estar congelado e ainda em pé no meio do escuro, não apenas para os escandinavos.

Podemos imaginar a atmosfera desta runa como se fôssemos enterrados vivos. Podemos ampliar isso abraçando a suspensão da realização dos nossos planos e sonhos, na forma de imobilidade, impedimentos e atrasos variados, inércia e renúncias. Ao mesmo tempo, a runa também nos fala da beleza de uma planície e das montanhas congeladas nos extremos do velho norte, tal como uma joia ou um diamante precioso. De longe, sempre encontraremos beleza em tudo, não é mesmo?

Algumas das ações mágickas sob os auspícios de Isa podem incluir congelar atitudes e discussões hostis de alguém — o que pode ser útil, mas deve ser conduzido com cuidado, senão o próprio operador mágicko pode ver a sua vida congelar. Outra utilização dos autores ocidentais fala sobre a habilidade de congelar os próprios planos e esperar a melhor hora ou a própria primavera para retomá-los. Falam sobre entender os padrões que mantêm a situação estática, desvincular-se e desapegar — e de um sacrifício pessoal no futuro para descongelar e iniciar a retomada.

Se a runa Kenaz é o fogo, Isa é o gelo e todo o seu repertório. Aqui, podemos encontrar nas profundezas e no âmago situações estagnadas, quase uterinas, que não veríamos com outras runas, além de nos libertarmos desses imperativos ao fazer uso de ritos com runas ígneas e do elemento fogo, por exemplo. Isa também versa sobre um foco de concentração poderoso, que beira a chamada frieza ou o sangue-frio necessário para assumir a responsabilidade e a consequência de escolhas difíceis.

Outro ponto importante é que Isa encarna o que vem depois de todas as escolhas dadas pelo destino e a providência — tais escolhas são feitas em Naudhiz —, entregando a cada um o caminho e a consequência que a necessidade lhe impôs criar. O popular diria algo como "aqui dormimos na cama que arrumamos". Em meio ao inferno gelado, paira uma sensação de resistência e persistência que vem do foco e da frieza no sangue, que comentamos anteriormente. Esse é o caminho que nos leva à próxima runa, Är ou Jera, que versa sobre ciclos da vida e legados, bem como o seu poder de se reescrever e rearranjar, tal como o Wyrd.Isa é regida por Verdandi, a Norne do presente, destinada a manter as coisas como estão. Isso nos faz olhar para como lidamos com o presente, um estranho lugar a que nem todo mundo está acostumado, onde sempre paira uma sensação de imobilidade, de não estarmos saindo do próprio lugar ou, quando o fazemos, parece que andamos perpetuamente em círculos. Parece que sempre estamos perdendo algo ao escolher uma coisa ao invés de outra. Um certo tipo de estagnação e de congelamento, não é mesmo? Não vivemos direito onde estamos ou escolhemos porque outro lugar, a que sequer temos acesso, parece mais divertido.

A Norne ensina que acabamos nos mimando demais para nos entorpecermos ou nos escondermos do fato de que estamos em movimento constante, mesmo quando estamos parados em algum lugar. Nossa mente, nossos planos e ideias — mas também as idealizações — estão sempre se revolvendo.

Aqui, podemos aprender a congelar ou atrasar nossas idealizações, até entendermos que estas sempre nos afastam da realidade e que, por não terem base sólida, são moídas e trituradas pelos outros e pela natureza, apenas nos frustrando e dando a sensação de que nada vai mudar, fazendo-nos continuar no mesmo lugar eternamente. Enfim, apesar dos pesares, Isa representa o gelo e a estagnação, o lado frio e destrutivo dos Jotuns e de Ymir, mas também nos recorda de que o inverno passará.

Visualização Mágicka: imagine uma vastidão desolada e congelada. Um personagem central está de pé, imóvel, no meio de um campo coberto de neve e gelo. Seu semblante é sereno, mas determinado, refletindo a essência da runa Isa — a difícil arte do silêncio e da imobilidade. Ele parece contemplar o horizonte, onde montanhas congeladas se erguem majestosas, brilhando sob a luz pálida do sol invernal como diamantes preciosos.

Ao redor dele, o cenário é estático. Árvores cobertas de gelo, suas folhas imóveis, e um rio congelado que serpenteia pela paisagem, simbolizando a suspensão da realização dos planos e sonhos. O ambiente é de um frio intenso, quase infernal, evocando a sensação de estar congelado no meio do escuro, sem movimento.

Em um canto da cena, podemos ver figuras fantasmagóricas representando discussões e atitudes hostis, agora congeladas, imobilizadas pelo poder de Isa. Perto do personagem central, uma fogueira apagada, símbolo de planos postos em espera, aguardando a melhor hora para serem retomados.

Mais distante, um grupo de pessoas parece envolto em suas próprias lutas, tentando se mover através do gelo, representando as dificuldades e impedimentos que a runa Isa impõe. Eles avançam lentamente, com expressão de resistência e persistência, simbolizando a luta contra a estagnação e o foco necessário para enfrentar os desafios.

A Norne Verdandi aparece de forma etérea, flutuando sobre a cena, suas mãos estendidas mantendo as coisas como estão. Sua presença é uma lembrança constante de como lidamos com o presente, sugerindo que, apesar da imobilidade aparente, há sempre um movimento interno e uma constante revolução de ideias e planos.

No fundo, uma figura de Loki, associada ao aspecto flamígero de Naudhiz, observa com um olhar astuto, sugerindo a próxima etapa de transformação e a necessidade de fogo para descongelar e iniciar a retomada. Loki traz consigo uma chama pequena, pronta para ser usada quando o momento certo chegar, simbolizando a esperança e a possibilidade de mudança.

A cena também inclui elementos que representam a estagnação e o gelo em seus aspectos mais profundos — uma caverna onde raízes se entrelaçam com pedras, quase uterinas, simbolizando situações estagnadas que aguardam ser libertas.

A atmosfera é de contemplação e aceitação, onde a frieza necessária para assumir a responsabilidade pelas escolhas feitas é evidente. Isa, como a runa do gelo, ensina a ter paciência e a esperar, a congelar as idealizações até que se compreenda a realidade.

Por fim, o horizonte sugere a chegada de uma nova estação. O sol começa a se elevar um pouco mais, prometendo o derretimento do gelo e a chegada da primavera. Mesmo no frio mais intenso, a cena lembra que o inverno passará, trazendo consigo a promessa de renascimento e novos começos.

JERA

Tags: colheita; tempo cíclico; reinícios; fertilidade; Frey e Freya; sincronicidade; solstícios; causa e efeito; ciclos; espíritos da colheita.

A runa Jera, também conhecida como Är, fala, entre outras coisas, da esperança da colheita, onde basicamente rezamos para os deuses e para madame Fortuna, para que esta seja régia e boa para todos. Entre os escandinavos, Jera ou Är significam "ano" e "o tempo cíclico"; este já nos desloca para o tempo sagrado, aquele dos mitos, ritos e calendários religiosos ou místicos, como a roda do ano, por exemplo.

Jera exerce um apelo especialmente no final da primavera e no início do verão, a época dos reinícios e recomeços, da refrescância ou mesmo de novos ciclos e jornadas. Para os escandinavos, ela representa dois arados preparando a terra para o plantio.

Tal runa é atribuída aos deuses Frey e Freya, seja no imaginário, na poesia ou nas obras literárias dos autores ocidentais. Na época do ano marcada por Jera, celebravam o Disablot, ritual de Freyja no seu papel como a Vanadisir que rege desde espíritos femininos do lar e do parto até as temidas Valquírias. O foco era naturalmente a abundância, a fertilidade e a prosperidade — isso vinha da primavera e se alongava pelo verão.

Outras pessoas enxergam nesta runa duas runas Kenaz, uma voltada para a outra, o que remete ao óvulo e o esperma que lhe fecunda, marcando a prosperidade e a continuidade do ciclo da vida. O calor do meio do verão (elemento fogo) é jovial, sensual e instiga a união sexual. É uma natureza ígnea diferente de Naudhiz, por exemplo, e de outras runas de fogo.

Elfos e guardiões das colheitas e dos campos férteis são aparições comuns, atribuídas a Jera e à época do ano correspondente a ela na literatura ocidental sobre runas. Jera combina muito com guirlandas e celebrações de colheitas; além disso, a feitura da cruz solar, criada com espigas de trigo ou milho, é uma coisa boa dessa atmosfera.

Na casinha para alimentar os pássaros do campo ou do quintal, a querela e o alpiste deixados lá são segurados com a mão esquerda e energizados para que as intenções se espalhem pela região. É uma festa da colheita.

Jera também encarna o tempo para os autores ocidentais; sincronicidade e indicação do tempo (solstícios, equinócios e estações do ano) são marcadores interessantes no seu repertório próprio. São as duas metades do ano, luz e escuridão, calor e frio, sempre em movimento, algo mais facilmente observável ao norte da Europa. O respeito ao tempo das coisas é viável e necessário no entendimento da atmosfera de Jera.

Uma vez que as runas geladas, ainda assim, propõem um tempo de calor depois de sua passagem, Jera anuncia a necessidade da preservação dos estoques e da guarda dos grãos e animais para enfrentar o inverno que virá ao final dos tempos quentes.

Outra coisa interessante nesta runa é que as sementes do entendimento e das práticas ligadas ao oculto, se bem cuidadas e dosadas, enraízam, ramificam e frutificam no momento certo — nem sempre o esperado —, acenando para a questão de sincronicidade e seus marcadores de tempo. Não se retorna ao início; tudo é uma sequência sem fim, e Jera atesta isso tal como o Yin e Yang dos taoístas.

A ideia de causa e efeito é particularmente interessante, assim como ação e reação. Jera ou Är expressam o fluxo sublime do movimento do ritmo cósmico. É uma questão de ciclos e espirais, jamais linhas retas. Se Isa marca a queda nesse selvagem jardim, Jera marca a ascensão invisível e sem nome da alma rumo ao espírito.

Visualização Mágicka: imagine uma vasta planície verdejante onde o sol brilha intensamente, marcando o início do verão. No centro da cena, dois arados são puxados por robustos cavalos, preparando a terra para o plantio. Ao fundo, uma comunidade celebra com guirlandas e danças, representando a atmosfera festiva e abundante da época.

À esquerda, uma figura feminina, vestida em trajes tradicionais, realiza um ritual de oferenda aos deuses Frey e Freya, colocando espigas de trigo em um altar adornado com flores. Ao seu redor, espíritos femininos etéreos, representando as Vanadisir e as Valquírias, observam com benevolência.

Perto da figura central, uma pequena casinha para pássaros está cercada por crianças que alegremente espalham sementes. Elas representam a continuidade do ciclo da vida, simbolizando a esperança e a preparação para o futuro. Os elfos e guardiões dos campos aparecem entre as plantações, cuidando e protegendo a colheita.

No lado direito da cena, dois jovens, representando Kenaz, abraçam-se em um campo florido, simbolizando a união sexual e a prosperidade. O calor do verão emana ao redor deles, trazendo uma sensação de jovialidade e vitalidade.

Mais ao fundo, vemos uma cruz solar feita de espigas de milho, lembrando as celebrações das colheitas. As pessoas ao redor dançam e cantam, irradiando felicidade e gratidão pela abundância da estação.

A figura de Jera aparece como uma entidade benevolente, dividida em duas metades — uma representando a luz e o calor do verão; outra, a escuridão e o frio do inverno. Sua presença indica o fluxo cíclico do tempo, a sincronicidade e o equilíbrio entre os opostos.

No horizonte, as montanhas congeladas ainda estão visíveis, um lembrete de que o inverno eventualmente retornará. Mas, por agora, o foco está na celebração, na preservação dos estoques e na gratidão pela colheita abundante.

Uma sutil aura de magia permeia a cena, mostrando que as sementes do entendimento e das práticas ocultas estão sendo plantadas e cuidadas. O tempo e a sincronicidade são respeitados, e a jornada da alma rumo ao espírito é simbolizada pelo movimento contínuo das estações e dos ciclos.

No céu, um arco-íris aparece, marcando a promessa de renovação e novos começos. A ideia de causa e efeito, ação e reação, está implícita em cada elemento da cena, refletindo o fluxo sublime do ritmo cósmico, onde tudo está em constante movimento e transformação.

EIHWAZ

Tags: transcender; teixo; Yggdrasil; espíritos femininos (Disir); resistência; metamorfose; sacrifício; morte; longevidade; feitiçaria.

Falando em termos mágickos, Eihwaz (lê-se Inruás ou Eivár) é atribuída à força de transcender os limites e expandir a consciência. Esta e as próximas runas do segundo Aettir são intimamente ligadas ao poder mágicko. Vemos isso até os nossos dias, na literatura ocultista. Perseverança e tenacidade alinhadas à disciplina são marcadores desta runa.

O teixo era sua árvore por excelência, magnífica para a feitura de arcos; suas raízes profundas contrastam com o aspecto delgado de seus troncos e galhos. Isso nos leva aos espíritos femininos nomeados Disir, sempre chamados por aqueles que usavam varinhas desta madeira para auxiliar magickamente as pessoas.

Também nos recorda Abáris, que carregava uma varinha mágicka ou flecha feita dessa madeira, realizando proezas que alcançaram a Grécia e o Egito — mas esta é uma história que se disseminou e ganhou mais atenção na Suécia dos anos 1600 do que nos tempos vikings e varegues.

Para os escandinavos, Eihwaz ou Yr era atribuída a Yggdrasil, aquela onde Odin se sacrificou para conquistar o poder das runas. Então, a expansão de consciência e o voo do espírito têm um custo mais elevado do que sonha nossa vã contemporaneidade.

Esta runa também representa as árvores cemiteriais que de alguma maneira sangram, em especial as de seiva vermelha, de onde vem a resina sangue de dragão — o que certamente levanta especulações interessantíssimas, não é mesmo? A menstruação e a geração, presentes no feminino, são visões inerentes aqui. Os teixos mais velhos se regeneram por meio de suas filhas, que nascem de seu interior apodrecido ou dos galhos mais pesados, os quais tocam o solo e se enraízam ali. Muitas de suas rachaduras nunca cicatrizam e sangram sem fim. Era a madeira usada nas fogueiras para cremar os mortos.

Eihwaz ou Yr é a chama controlada e silenciosa que vemos no acinzentado da madeira que arde na fogueira ou lareira. A remoção de obstáculos, a resistência e a força nas adversidades são algumas das bênçãos marcadas por esta runa. A assertividade é uma característica marcante de sua ação.

Outro ponto relevante é que Eihwaz ou Yr, ligada ao teixo, a árvore mais longeva da Europa, atesta o sentimento de perder o medo da morte e um melhor entendimento dos mistérios da vida. Estes vêm no momento que você deixa de hesitar e decide perseverar, percorrendo, assim, os nove reinos de Yggdrasil, aprendendo a trocar de pele ou se metamorfosear. E é claro que estamos falando de feitiçaria quando pensamos no tom escandinavo e saímos do contemporâneo.

Vemos um pouco disso na saga dos Yngling, adoradores de Odin que sabiam metamorfosear seus corpos sutis para a forma de ursos e lobos, fazendo uso das propriedades do teixo como um portal para isso. Tais artes portam sua dose de longevidade e de toxicidade. Eihwaz sabe como diluir luz e sombra em uma nova liga, que impulsiona o desenvolvimento e o retorno da matéria ao espírito. Tudo é matéria em diferentes estados, assim, até mesmo a morte pode morrer.

Na questão da toxicidade atribuída ao teixo, podemos abarcar nossas atitudes e comportamentos que nos deixam mais ou menos na mesma miasmática zona de conforto e nos impedem de experimentar a dor, a fome e a busca pelo que verdadeiramente poderá nos nutrir se deixarmos tal automatismo de lado.

Eihwaz trata de perigos que não se materializam, mas sobre os quais ficamos alertas; é um teste de resistência quase sem fim, mas as benesses com que nos recompensa são inenarráveis. Tal runa nos remete à importância dos arqueiros e dos caçadores que, em tempos arcaicos, sabiam disso tudo como ninguém.

Visualização Mágicka: imagine uma floresta antiga e mística, onde uma árvore de teixo imponente ergue-se majestosa, com suas raízes profundas contrastando com seus troncos delgados e galhos sinuosos. Ao redor dela, espíritos femininos, conhecidos como Disir, flutuam serenamente, suas presenças etéreas iluminadas pela luz da lua cheia.

No centro da cena, uma figura masculina está em pé, segurando uma varinha feita de madeira de teixo, evocando o lendário Abáris. Ele parece concentrado, canalizando energia mágica através da varinha, enquanto murmura encantamentos antigos. A luz prateada da lua e o brilho suave da varinha criam um halo místico ao seu redor.

Perto da base da árvore, uma fogueira crepita silenciosamente, alimentada por galhos de teixo. A chama é controlada e serena, irradiando uma luz acinzentada que simboliza a resistência e a força nas adversidades. A fumaça se eleva lentamente, formando figuras de lobos e ursos que dançam no ar, evocando a metamorfose e o poder de transformação dos adoradores de Odin.

À direita, um grupo de pessoas está reunido em um círculo, praticando um ritual. Eles parecem em profundo estado de meditação, com olhos fechados e mãos entrelaçadas, conectados espiritualmente à árvore de teixo. No centro do círculo, uma jovem mulher segura um ramo do teixo, simbolizando a regeneração e a conexão com os ancestrais.

Mais ao fundo, vislumbra-se o espírito de Odin, que observa silenciosamente a cena. Sua presença austera lembra o sacrifício necessário para a expansão da consciência e o poder das runas. Ao seu lado, árvores cemiteriais com seiva vermelha parecem sangrar, um lembrete dos mistérios e do custo da sabedoria.

No lado esquerdo, um grupo de guerreiros nórdicos treina com arcos feitos de teixo, suas flechas voando com precisão através do ar. A disciplina e a perseverança são evidentes em cada movimento, simbolizando a tenacidade atribuída à runa Eihwaz.

No céu, estrelas brilham intensamente, formando padrões que sugerem os nove reinos de Yggdrasil. A cena está imbuída de um senso de transcendência e conexão com o cosmos, enquanto as figuras na floresta continuam suas práticas e rituais.

No solo, pequenas rachaduras na terra mostram novos brotos de teixo surgindo, simbolizando a regeneração contínua e a resistência. As rachaduras, embora nunca cicatrizadas, estão impregnadas de uma força vital que persiste e floresce.

Ao redor da fogueira, os rostos das pessoas mostram uma determinação serena. Elas estão cientes dos perigos que enfrentam, mas a força da runa Eihwaz lhes dá coragem e propósito. O teixo, com sua longevidade e toxicidade, representa os desafios e as recompensas do caminho espiritual.

Essa cena encapsula a essência de Eihwaz — a transcendência dos limites, a expansão da consciência e a perseverança necessária para navegar pelos mistérios da vida e da morte. É uma celebração da força interior, da conexão com os ancestrais e do poder transformador da magia.

PERTHRO

Tags: bolsa, recipiente, estojo; jogos de azar; livre-arbítrio; Destino (Wyrd); Nornes; Fenrir; Loki; caldeirão; mandíbula; clara visão.

Perthro nos recorda da bolsa aveludada ou encourada usada para guardar as runas. Também pode ser um copo usado para jogar dados em uma taverna. Tem a ver com ganhos inesperados e jogos de azar. Os ocidentais atribuem a ela os feitos de cura alcançados nas chamadas terapias alternativas.

A runa pode ser o estojo que guarda as peças do jogo de xadrez — não é que o peão e o rei, não importando o exército, vão todos para o mesmo lugar? Isso nos dá a pista de que, antes de jogar as runas ou sair em corpo astral, convém visualizar e meditar sobre esta runa; pedir a benção das Nornes também. O jogo encena como o livre-arbítrio e as restrições brincam entre si em cada vida. As regras restringem e ao mesmo tempo permitem o movimento através do jogo, assim é o Wyrd ou Destino na vida como ela acaba sendo.

Quando olhamos de maneira escandinava, vemos Perthro como o caldeirão dependurado em Yr ou Eihwaz — ainda estamos em uma agradável taverna. Outros associam tal runa à mandíbula do lobo Fenrir, aquele que devorou a mão do deus Tyr. Ambos jogavam um estranho jogo, não é mesmo? Há um traço de acaso e destino em tudo isso. O quanto o próprio Loki não é o conhecedor de todos esses esquemas nos jogos de azar?

Vamos mais longe: os deuses escandinavos jogavam com a sorte e o azar o tempo todo, tirando vantagens das situações e dos desafios que encontravam, como vemos nas sagas. Certas vezes, venciam, e outras, não, mas jogavam mesmo sabendo que o destino poderia ser o lobo ao final. Como mencionei, no xadrez, reis e peões vão para o mesmo lugar. Jogar é se entreter e se entregar ao destino e se lançar nos fios do Wyrd.

O lobo e o recipiente se mostram nesta runa, geram limites, restrições, estranhas regras, convidam ao imprevisível e, assim, geram movimento e, por consequência, coragem. Podemos ampliar e pensar como a natureza e o ecossistema são o recipiente que nos contém enquanto vivos, e como, no final das contas, ele apenas irá nos consumir novamente e de maneira criativa. Os antigos falavam e usavam o termo "boca do lobo" para o que era atraente, no entanto oculto e fatal.

Se trazemos a natureza à baila, podemos ir mais longe e pensar no ventre da grande deusa, onde tudo é concebido e vem para se manifestar ou desvelar; curiosamente, é para onde retornamos ao final da vida. Vestimos e nos trajamos com os fios do Wyrd e do Destino enquanto vivos. Perthro é sobre isso, afinal. Herdamos o potencial dos nossos ancestrais de vidas passadas (que hoje dizemos que descansam no inconsciente, esperando ser reconhecidos ou lembrados). Isso nos remete diretamente aos poderes ocultos e à chamada "Clara Visão", que vem do repertório desta runa.

Perthro está, por excelência, ligada às três Nornes que vivem nas raízes de Yggdrasil, próximas ao manancial do próprio Wyrd. Bebem do manancial de estranhos padrões do Destino e do potencial não manifesto. Seguem sempre fiando o destino de cada um com o fio de Frigga. São aquilo que foram, o que ainda são e continuarão sendo. Buscam pelo ventre certo para que os ancestrais retornem uma vez mais ao mundo. São conhecedoras de como os padrões futuros vêm das ações passadas e das atitudes do presente. Enquanto as Nornes buscam quem rege tal runa, as gestações e os nascimentos ficam com a deusa Frigga, mas ela não é de falar muito. Para o escandinavo, é assim que entramos nesse jogo chamado vida, até alcançarmos a boca do lobo.

É bem sabido como a sorte pode ser subitamente favorecida na combinação de Perthro com as runas Fehu e Hagalaz nos jogos de azar. Para legados e heranças, combina-se com Jera e Othala. Ela também pode ser usada com cautela para explorar o que permanece oculto e velado diante de si. Aberta para a direita, abre o fluxo de sua visão para o exterior; quando aberta para a esquerda, fala de morte e distorção. Usada com maestria, permite discernir o que vale e o que não vale no que encontramos astralmente, livrando-nos de assédios e ilusões.

Visualização Mágicka: imagine uma taverna antiga, iluminada por velas tremeluzentes, onde uma mesa de madeira gasta está no centro da cena. Sobre a mesa, um grupo de figuras encapuzadas está reunido, focado em um jogo. Uma bolsa aveludada, de onde saem pequenas runas de pedra, está aberta ao lado de um copo usado para jogar dados. O ambiente é carregado de tensão e expectativa, simbolizando os ganhos inesperados e os jogos de azar.

Em um canto, um xadrez de madeira está montado, suas peças representando o destino e o livre-arbítrio. Reis e peões, de ambos os exércitos, estão dispostos no tabuleiro, prontos para se moverem dentro das restrições e possibilidades do jogo. Um jogador medita profundamente, com os olhos fechados, pedindo a bênção das Nornes, simbolizando a contemplação e a preparação antes de se aventurar no desconhecido.

Pendurado sobre uma lareira, um caldeirão balança suavemente, evocando a imagem da runa Perthro como o recipiente do destino. Ao lado da lareira, a mandíbula de um lobo, reminiscente de Fenrir, está em destaque, representando o acaso e o destino inevitável. A sombra do lobo projeta-se nas paredes, lembrando os jogadores do risco sempre presente nas decisões que tomam.

Em um canto mais escuro da taverna, uma figura solitária segura uma varinha de madeira de teixo, simbolizando o poder mágico e a cura alternativa. Esta figura observa atentamente o jogo, representando a sabedoria e o conhecimento oculto que influenciam o destino dos jogadores.

No fundo da cena, através de uma janela, pode-se ver a silhueta de uma grande árvore, Yggdrasil, com suas raízes profundas e galhos que se estendem até o céu. As Nornes estão presentes, fiando os fios do destino com paciência e precisão. Elas bebem do manancial do Wyrd, rodeadas por estranhos padrões e símbolos que representam o potencial não manifesto.

No centro da taverna, a atenção volta-se para um dado rolando, prestes a revelar sua face. Este momento de suspense encapsula a essência de Perthro — a mistura de sorte, risco e o destino que se desenrola de maneira imprevisível. Os rostos dos jogadores refletem um misto de esperança, medo e determinação, prontos para aceitar o resultado, seja ele favorável ou desafiador.

A cena é permeada por uma sensação de mistério e misticismo, onde cada movimento e decisão carregam um peso profundo e um significado oculto. Os jogadores, conectados pelo fio invisível do destino, continuam a jogar, cientes de que, ao final, todos os caminhos levam à boca do lobo, o ponto final do destino inevitável.

No ar, paira uma sensação de que a vida é um jogo de azar e destino, onde cada jogada é um passo na dança eterna entre o conhecido e o desconhecido. A taverna, com sua atmosfera carregada e suas figuras enigmáticas, representa a complexidade da existência, onde o destino e o livre-arbítrio se entrelaçam em uma teia intricada de possibilidades.

ALGIZ

Tags: proteção; vigilância; conquista; guias espirituais; chifre de alce; a forma da runa é comparada aos chifres de um alce, simbolizando força e defesa; donzelas-cisnes; Heimdall — relacionada ao deus que guarda a ponte Bifrost, ligando céu e terra; junco; Valquírias; encorajamento a práticas de introspecção como yoga, meditação e contemplação para uma melhor conexão com o mundo ao redor.

Se existe uma runa que delineia a proteção daquilo que estimula conflitos internos e externos, alertando-nos sobre o quanto nos desesperamos e, assim, sucumbimos diante dos contrastes da vida, ela tem nome: Algiz! Ela atua quase como um sinal de alerta ou um lembrete para nos mantermos vigilantes, mas não a ponto da paranoia. Sinaliza uma mudança para melhor, sob auspícios maiores.

Ela representa os braços erguidos, pose típica da vitória e da conquista. É verdade que aprendemos mais com nossos erros e enganos, mas há algo de poderoso no sentimento e na expressão de quando vencemos, o que nos aproxima mais e mais de nosso guia espiritual. Encontramos tudo isso na atmosfera desta runa.

Autores ocidentais, ao observarem a forma desta runa, comparam-na com o padrão do chifre de um alce; outros falam que ela recorda um gesto de proteção contra o mal, e há até, entre os povos godos, uma associação às míticas donzelas-cisnes. O tom defensivo desta runa se torna bastante evidente neste viés.

A ideia de um santuário se mostra bem clara também; o medo dá lugar à inspiração que desce do alto e reúne o céu e a terra, como se a ponte Bifrost se desvelasse ali — o que relaciona esta runa ao brilhante deus Heimdall.

Outro ponto interessante é a sua associação a certos tipos de junco, que, embora nasçam no ambiente aquático ou pantanoso, queimam a pele e cortam a mão dos incautos. Há algo passivo-agressivo, bem como de ataque e contra-ataque imediato, que situa Algiz como um excelente recurso contra ataques astrais e energéticos diversos. Eis a ideia de uma proteção que vem do alto e da própria fonte.

Nas lápides, quando desenhada com as três linhas para o alto, marcava o nascimento ou o masculino, e, para baixo, a morte ou o feminino. Outra associação a Algiz era a proteção das Valquírias ou das Damas-Cisnes, reforçando a ideia de escudo e proteção. Elas atuavam como psicopompos, levando seus protegidos que caíam em batalha para Valhalla — embora haja quem diga que eram elas que escolhiam quem morria no combate.

Entre os escandinavos, Algiz versava também sobre a coragem, a conquista e o triunfo, como uma força poderosa de se estar realmente vivo. Os chifres de alces e veados expressavam isso muito bem. Você certamente há de se recordar de uma grande vitória que experimentou na vida, não é mesmo?

Como mencionamos, há um certo estado de alerta, de vigilância, mas não a ponto de se tornar paranoia. Por isso sugerimos tal runa em práticas saudáveis de introspecção para enxergar e sentir melhor o mundo à sua volta. Nesse prado, yoga, alongamentos, meditação e contemplação são amplamente abençoados pelas forças desta runa.

Algiz aconselha saber diferenciar a voz que vem do silêncio, do âmago do ser, daqueles devaneios ou desejos sem fim que sempre partem do ego.

Nos rituais mágickos contemporâneos, podemos usar Algiz nas extremidades dos quadrantes para assegurar a proteção do magista ou dos participantes, por exemplo. Seu espectro de proteção é ampliado quando usado em conjunto com Thurisaz, Eihwaz ou a controversa Wolfsangel. Já vi Algiz ser comparada à figa das tradições brasileiras e aos ankhs coptas, por realizar uma função semelhante.

Visualização Mágicka: em uma clareira serena, banhada pela luz dourada do sol poente, uma figura ergue os braços em um gesto de vitória e proteção. Este momento captura a essência da runa Algiz, simbolizando tanto a defesa contra conflitos internos e externos quanto a vigilância sem paranoia. A figura, de pé sobre a grama verdejante, está rodeada por uma aura de tranquilidade e força.

Ao fundo, uma majestosa ponte Bifrost parece desvelar-se entre o céu e a terra, irradiando cores vibrantes que convergem para a clareira. A atmosfera é carregada de uma energia inspiradora que desce do alto, sugerindo a presença do deus Heimdall, o guardião do santuário e defensor dos reinos. Essa energia parece proteger a figura central, criando um escudo invisível contra qualquer ataque astral ou energético.

Perto da figura, um grupo de junco cresce nas margens de um pequeno lago, seus contornos agudos e perigosos contrastando com a beleza serena da cena. Este elemento lembra a natureza dual de Algiz, passivo e agressivo, pronto para se defender contra ameaças inesperadas.

Espalhadas pelo campo, lápides antigas ostentam o símbolo de Algiz, com suas três linhas erguidas marcando a vitória e a proteção masculina, enquanto outras lápides exibem as linhas voltadas para baixo, simbolizando o feminino e a morte. Estas marcas sugerem a presença das Valquírias, as donzelas-cisnes que guiam os guerreiros caídos para Valhalla, reforçando o sentido de proteção e transição.

Em um canto mais distante, um alce majestoso ergue sua cabeça, os chifres imponentes lembrando a forma da runa Algiz. Este poderoso animal simboliza a coragem, a conquista e o triunfo, evoca a sensação de estar verdadeiramente vivo e vibrante, pronto para enfrentar qualquer desafio.

Uma jovem, sentada em posição de lótus, medita em silêncio, rodeada por símbolos de Algiz desenhados no chão. A prática de yoga e a meditação são abençoadas pela força desta runa, permitindo que ela sinta o mundo ao seu redor com clareza e serenidade. A figura concentra-se, diferenciando a voz que emerge do silêncio interior dos desejos passageiros do ego.

Em uma área reservada para rituais mágicos, velas acesas marcam as extremidades dos quadrantes, onde símbolos de Algiz brilham intensamente. A proteção é ampliada pela presença de Thurisaz, Eihwaz e Wolfsangel, criando um círculo sagrado de segurança para os praticantes. A cena evoca comparações com as figas das tradições brasileiras e os ankhs coptas, ressaltando a universalidade e a eficácia da proteção oferecida por Algiz.

Toda a cena está imbuída de uma sensação de equilíbrio entre defesa e crescimento, alerta e paz, guiando os personagens através dos contrastes da vida com a força e a sabedoria da runa Algiz.

SOWILO

Tags: solar — relacionada ao sol e à deusa Sunna, representando a força solar; vitória; juvenilidade; felinos — gatos domésticos e felinos selvagens expressam virtudes solares; minerais; pedras como olho de tigre, topázio, rubi, diamante e âmbar; trajetória do sol; iluminação; ataque — usada para desfazer enganos e perjúrios, útil em práticas defensivas; representa a regeneração e a doação de vida; autoconfiança — incentiva a revelar força oculta, arriscar-se e conquistar sonhos.

Para os escandinavos, o sol era feminino, a runa e a deusa tinham o mesmo nome — Sol ou às vezes Sunna —, o que muda completamente a visão de mundo. Lembre-se de que nós, latinos, pensamos no sol como masculino, por exemplo.

Vamos pensar em Sowilo como uma oitava, uma magnitude ainda mais elevada do que a runa Algiz. É a vitória que se derrama através do mundo, sensual e viçosa, tomando tudo. Em Algiz, há uma vitória pessoal; aqui, trata-se da natureza coletiva ou de algo ainda maior. É a pura força dos deuses Aesir, de natureza solar, de limite e domínio sobre o gelo. Tudo muito bonito, não é mesmo?

A deusa Sunna puxa o sol em seu carro. Enquanto astro-rei, a força de ambos é a mesma, e isso carrega bênçãos e maldições para cada um de nós. Há algo de loucura juvenil, descontrole e inconsequência. Arrogância e incapacidade de ver as pessoas pelo que são, mas pelo que achamos que deveriam ser: esse é um bom exemplo do que chamo de loucura e de presunção, neste caso. Considerando que vivemos em uma época e uma cultura bastante solar, com exposição exagerada da vida privada nas redes sociais, falamos de temas contemporâneos.

Pensando em coisas boas e associações mais nobres, é interessante como, para o escandinavo, os felinos selvagens e os gatos domésticos expressam virtudes solares ligadas a esta runa. Quem tem gato e os contempla se espreguiçando à luz do sol tem uma noção prática do que escrevo aqui. Plantas como o girassol e o louro absorvem e expressam virtudes igualmente solares.

No reino mineral, olho de tigre, topázio, rubi, diamante e quase todo rito de energizar pedras através da luz solar partilham dessa força generosa. O uso do âmbar traçado com Sowilo, em um domingo com o Galdr apropriado, ativa espíritos ígneos e a atenção de Loki. Movimento e heresia, eu diria.

A trajetória do sol através do ano é um marcador relevante e interessante sobre Sowilo, bastante apreciado por autores ocidentais. Eles destacam, inclusive, a importância da runa nas terapias alternativas e nos processos de cura, bem como sua ligação com os chakras na forma de vórtices de força, presentes do duplo etéreo de cada um.

Outro ponto destacado é como Sowilo permite desvelar e expressar o sentimento de gratidão ao que se recebe de terceiros e das forças maiores deste mundo — alcançando, assim, a chamada iluminação —, ao mesmo tempo que alerta para a desmedida e como tudo isso pode colapsar ou desviar para um rumo desestruturante muito rapidamente, tal como vimos ao longo deste texto.

Sowilo ou Sigel, como também é conhecida, atua como uma runa de ataque, desfazendo prontamente o miasmático enganoso e o perjúrio. Ela atua desfazendo o que impede o descobrimento da verdade, o que a torna um recurso útil em seu arsenal de práticas. Convém alertar que ela é duas vezes mais perigosa para quem a conjura ou evoca, se usada sem discernimento ou com finalidades distorcidas.

Regeneração é um traço de Sowilo que não deve ser esquecido; o sol doa a vida, tal como a mulher, para o mundo. A runa incentiva a não cairmos nos males do etarismo, a não preferirmos a imagem em detrimento da vida como ela acaba sendo. Ela é uma força a ser considerada para trazer sua força oculta e inconsciente à vida, para se arriscar, conquistar e ir atrás de reificar seus planos, metas ou simplesmente sonhos, bem aqui neste selvagem jardim.

Visualização Mágicka: em uma vasta planície iluminada pelo sol nascente, uma mulher radiante, vestida em tons dourados, conduz um carro mágico puxado por dois majestosos felinos selvagens. Essa imagem personifica a deusa Sunna, a encarnação solar que os escandinavos reverenciavam. Os raios do sol se espalham pelo horizonte, banhando a cena em uma luz quente e vivaz, simbolizando a runa Sowilo.

À medida que o carro avança, a luz solar desce sobre a terra, transformando a vegetação ao redor. Girassóis se voltam para a deusa, seus rostos dourados brilhando com a mesma intensidade do sol. Gatos domésticos se espreguiçam deliciosamente sob a luz, capturando a essência da serenidade e da força solar. Essas imagens evocam a sensação de vitória coletiva e regeneração que Sowilo representa, além de destacar a ligação entre a runa e as virtudes solares.

Em um campo próximo, pedras preciosas como olho de tigre, topázios e rubis brilham sob o sol, absorvendo sua energia. O brilho dessas pedras simboliza o poder curativo e regenerador de Sowilo, utilizado em terapias alternativas e processos de cura. No centro do campo, uma figura traça Sowilo em um pedaço de âmbar, ativando espíritos ígneos e a atenção de Loki, enquanto recita um Galdr apropriado. Este ato representa a conexão entre o sol, a runa e os rituais mágicos contemporâneos.

Ao lado, uma pessoa medita sob a luz do sol, sentindo a energia da runa fluir através de seus chakras como vórtices de força. A gratidão e a iluminação se refletem em seu semblante, simbolizando a capacidade de Sowilo de desvelar e expressar o sentimento de gratidão e alcançar a iluminação. No entanto, a cena também alerta para os perigos da desmedida e do descontrole, lembrando que a mesma força que ilumina pode desviar rapidamente para um rumo desestruturante.

Ao longe, uma batalha é travada. A runa Sowilo aparece no escudo de um guerreiro, desintegrando ilusões e perjúrios, revelando a verdade oculta. Este uso defensivo e ofensivo da runa destaca sua capacidade de ataque e proteção. A figura do guerreiro lembra que Sowilo, se usada sem discernimento, pode ser perigosa para quem a conjura.

Por fim, a figura central, a deusa Sunna, desce de seu carro e se junta a uma mulher que segura uma criança nos braços. Esta imagem final encapsula a essência regenerativa de Sowilo, simbolizando a vida que o sol doa, tal como a mulher dá vida ao mundo. A runa incentiva a não sucumbir ao etarismo e valorizar a vida em todas as suas formas, incentivando a busca pela realização de planos, metas e sonhos.

Toda a cena é um testemunho da força, regeneração e vitalidade que Sowilo traz, incentivando todos a trazerem suas forças ocultas e inconscientes à vida, arriscando-se e conquistando seus sonhos neste selvagem jardim.

3º Aettir

O terceiro Aettir aborda a natureza humana nas suas virtudes e vícios, guiada pelo altíssimo através do tempo e do espaço. Fala sobre o final de uma era e o início de uma nova, quando se pergunta se esta será realmente melhor do que a anterior.

No plano individual, este Aettir, regido pelos deuses Tyr e Ziza, versa sobre a nossa autossuficiência e a nossa iluminação, que vêm de lidarmos com o que acabamos sendo, não o que outros queriam e tampouco o que achávamos que éramos.

TIWAZ

Tags: dever — representa o compromisso inalienável e a justiça associada a Tyr; direção e propósito, tal como a ponta de uma flecha ou lança; relacionada à coragem de Tyr ao enfrentar Fenrir, para sacrificar-se pelo bem comum; hierarquia; sacrifício; lei e ordem; competição; responsabilidade; motivação — a runa amplia a garra e o entusiasmo, oferecendo clareza e ordem; ferramentas mágicas — associada a armas mágicas como Gungnir e Mjolnir, usadas em rituais e bindrunes.

Esta é a runa de Tyr, filho de Odin. Seu nome é sinônimo de dever, do juramento inalienável, do compromisso pétreo e da justiça. Tal runa expressa uma forma vertical, hierárquica e com sentido definido — a ponta da flecha que, uma vez disparada, só retorna à aljava por sorte, o que significa o azar de que o alvo não foi atingido.

Também é uma runa que trata da ponteira das lanças; seu tema predominante é direção, sentido e aquilo que aponta. É o que mantém a lei e a ordem, nem que seja temporariamente. Isso evoca o mito de Tyr e do lobo de Fenrir, dos quais falamos alguns capítulos atrás. É sobre fazer o combinado, mesmo que isso não represente um sucesso eterno. É sobre abrir mão (literalmente!) de algo precioso e valioso para o benefício de todos em médio e longo prazo, mesmo que não perdure pela eternidade. É sobre coragem, empenho e desempenho sob a natureza competitiva da vida, dos negócios e dos esportes.

Às vezes, é uma decisão difícil, pois envolve fechar as pontas soltas e selar os nós abertos, além do foco, do tempo e do esmero que isso demanda. No ditado popular, é o tal do "antes de demandar justiça aos deuses, arrumar e cuidar da própria vida". Forças como a de Tiwaz fazem de você um para-raios da lei e da ordem cósmica essencialmente, antes de atuarem naquilo que você lhes demanda. É sobre sacrificar o ego para que o divino se mostre. Já assisti a casos divertidos nesse sentido, em que terceiros achavam que eram ou mereciam uma atenção especial.

Armas mágickas, tais como Gungnir, a lança que nunca erra e sempre retorna à mão de Odin, e o célebre Mjolnir, o martelo de Thor, são da atmosfera de Tiwaz. Elas se levantam e tomam a mira antes de o veredito ser declarado e de a sentença ser imposta de maneira implacável.

Outros sentidos atribuídos a Tiwaz têm relação com a Estrela Polar, que sempre indica a direção aos navegantes e viajantes na escuridão da noite. A causa justa que potencializa e revigora o poder pessoal é outro marcador realmente importante neste tema. Assumir a responsabilidade e a consequência, bem como pagar o preço para ter sucesso, expressa bem a natureza do que falamos. É o posicionamento correto e positivo para a seta atingir o alvo, removendo todos os obstáculos do caminho.

Também é uma runa de motivação, que amplia a garra e o entusiasmo quando respeitada em seus princípios e repertório. *Fair game* e lealdade seriam o seu *slogan*. Nos negócios, Tiwaz oferece clareza de visão, *timeline* na execução e organização de tarefas, uma operação ordenada para todos os empreendimentos.

No caso das Bindrunes, ela marca a primeira e a última runa na consagração ou no conjuro das suas armas e artefatos dedicados à magia. Aquela história mais ou menos popular de fazer um pequeno corte na mão, deixar algumas gotas de sangue caírem e misturar no hidromel ou mesmo na cerveja, e depois aspergir sobre uma arma ou ferramenta, tem origem na atmosfera de Tiwaz, na lenda de Tyr e Fenrir.

Visualização Mágicka: imagine uma vasta planície coberta de neve. Sob um céu estrelado, um guerreiro escandinavo, filho de Odin, ergue sua lança em direção à Estrela Polar. Esta figura, simbolizando Tyr e a runa Tiwaz, está no centro de uma cena que personifica dever, compromisso e justiça. A ponta da lança reluzente aponta firmemente para o céu, simbolizando direção, sentido e determinação inabalável.

Ao redor do guerreiro, outros homens e mulheres observam com respeito e reverência. Eles estão envolvidos em várias atividades que reforçam a essência da runa Tiwaz: alguns ajustam suas armas, outros preparam ferramentas, e um grupo desenha runas em escudos de madeira, misturando gotas de sangue no hidromel antes de aspergir sobre suas armas, consagrando-as com um ritual antigo. Essa prática reforça a ideia de compromisso e sacrifício pessoal pelo bem coletivo.

No fundo da cena, um lobo gigante, Fenrir, está acorrentado. A imagem do lobo evoca o mito de Tyr, que sacrificou sua mão para enganar Fenrir e proteger os deuses e o mundo. Este sacrifício é um lembrete visual do preço a ser pago pela segurança e ordem, destacando a coragem e o empenho necessários para manter a justiça.

Perto do guerreiro, uma tenda iluminada por uma fogueira abriga um mapa detalhado com rotas traçadas para diversas expedições e batalhas. O mapa é marcado pela Estrela Polar, representando a constante orientação e clareza de visão que Tiwaz oferece. A atmosfera é de planejamento estratégico, onde cada decisão é tomada com cuidado, simbolizando a responsabilidade e a precisão necessárias para alcançar o sucesso.

Uma mulher guerreira se destaca, ajustando a ponta de sua lança, que brilha sob a luz da fogueira. Sua expressão é de determinação e foco, refletindo a força motivacional e a energia de Tiwaz. Outros guerreiros ao redor também demonstram entusiasmo e lealdade, prontos para seguir suas causas justas.

Em uma área próxima, crianças praticam arremesso de lanças em alvos distantes, aprendendo desde cedo a importância de um direcionamento claro e preciso. A presença das crianças indica a transmissão de valores e tradições, assegurando que as futuras gerações entendam e respeitem os princípios de Tiwaz.

Ao lado da fogueira, um grupo de homens e mulheres discute estratégias de negócios, suas faces iluminadas pela luz bruxuleante. Diagramas e planos de ação são desenhados com clareza e organização, simbolizando a influência de Tiwaz em proporcionar uma visão clara e uma execução ordenada para todos os empreendimentos.

No final da cena, um altar é erguido com armas mágickas como Gungnir, a lança de Odin, e Mjolnir, o martelo de Thor, ambos em posição de prontidão. Esses artefatos representam a força implacável e a justiça de Tiwaz, prontos para serem acionados.

Essa cena, rica em simbolismo, capta a essência da runa Tiwaz e de Tyr: o dever, o compromisso, a justiça e a determinação. Cada elemento destaca a importância de sacrifícios pessoais pelo bem maior, a clareza de propósito e a força motivacional que orienta a vida dos escandinavos.

BERKANO

Tags: feminina — refere-se à natureza feminina e ao simbolismo maternal de Berkano; maternidade; Frigga — a deusa associada a Berkano, originalmente filha de Jord, e sua conexão com a terra e a criação; geração — envolve a força de criação e a continuidade da vida, um aspecto fundamental da runa; infância; natureza; concepção; cura; bétula — a árvore associada a Berkano, simbolizando características naturais e práticas, como a absorção de água e a inflamabilidade da sua casca; cíclico.

Berkano é uma runa feminina cuja forma remete aos seios que esperam a maternidade ou ao ventre prenhe de uma mulher, nas suas apreciações mais comuns no imaginário escandinavo e ocidental.

Ela nos faz pensar na deusa Frigga, que, originalmente, não era uma deusa Aesir, mas sim filha de Jord (a personificação da terra), o que lhe dá uma amplitude única. Fjörgyn (um dos nomes de Jord) favorecia a vida e regia as terras selvagens e primitivas, era a deusa mãe da terra, a que dá a vida.

Logo, a deusa Frigga era filha do útero que deu origem a tudo que vive e que já viveu; era filha da terra, sendo a fonte de parentesco e descendência de todos. Quando a deusa se tornou consorte de Odin, houve uma união poderosa do alto e da terra mater.

Berkano encara a força de geração feminina. Ela rege a infância, a adolescência, o casamento e a morte. Entrega a vida e a devora no final — contendo o "si" e o "porvir", algo mais ou menos comum no contato com a natureza. É, ainda, tudo que há na natureza, para ser mais claro e franco nesta descrição afetiva.

É uma runa em que predomina a atmosfera de concepção, nascimento, cuidado e nutrição, focalizando sua expressão na infância, no que vem ao mundo. Nos negócios, é a boa ideia que pressagia boas gestações nas iniciativas e realizações. Atua muito bem com a purificação dos acontecimentos passados, como bloqueios e miasmas que perduram. Também simboliza acontecimentos familiares produtivos. Acontecimentos ligados à saúde e à cura são comuns em seu repertório, assim como as coisas do próprio lar.

A minha parte favorita sobre Berkano é a maneira como ela aponta a origem comum de todos os espíritos e deidades — todos vêm das mesmas origens. Na natureza, a runa Berkano é associada à Bétula, muito conhecida por tomar para si a água do solo e não deixar quase nada para as outras plantas e a terra. Um traço vampírico, como dizem. Ao mesmo tempo, sua casca é extremamente inflamável, pegando fogo com facilidade. Sua madeira é igualmente boa nesse sentido, algo indispensável para o fogão de lenha e a lareira em terras frias e úmidas. Isso cria uma relação entre Frigga, Berkano, Bétula e Loki. Frigga acaba por ser mãe de criação dele em alguns poemas e mitos.

Existe alguma relação entre Loki e os mistérios femininos? Talvez a resposta tome lugar nas práticas de Sejdr, que estudamos anteriormente neste livro. Da minha parte, especulo como a atividade à frente do fogão, o culto às divindades e espíritos do lar, conduzidos pelas mulheres daqueles tempos, silentes e sagazes como Frigga, asseguravam a colaboração de todas as forças no cuidado e na sobrevivência de todos os seus protegidos.

Enquanto a runa Tiwaz evoca um eixo vertical e uma noção hierárquica solene e verticalizada, tal como o que é atribuído a Yggdrasil, em Berkano retomamos um eixo horizontal e as portas dos seus extremos, nascimento e morte, sempre cíclicos.

Visualização Mágicka: na clareira de uma densa floresta escandinava, uma cena vibrante de vida e conexão emerge sob a luz suave do sol nascente. No centro, uma mulher grávida, representando a deusa Frigga, está sentada em um tronco de bétula, símbolo de Berkano. Seus braços envolvem seu ventre, emanando uma aura de nutrição e criação. Ao seu redor, crianças brincam alegremente, simbolizando a infância e a juventude, enquanto adultos cuidam de tarefas cotidianas, refletindo a união e a continuidade da vida.

Frigga, com uma expressão serena, é filha de Jord, a personificação da terra. Ao fundo, a figura de Jord aparece como uma entidade grandiosa, com raízes profundas e braços estendidos que tocam o céu e a terra, reforçando sua conexão com todos os seres vivos. Esse cenário simboliza a origem comum de todos os espíritos e deidades, unindo o alto e a terra mater através da presença de Frigga.

Perto de Frigga, uma jovem mulher prepara um fogão de lenha, usando a casca inflamável da bétula para acender o fogo. Este fogo não só aquece, mas também purifica, representando a capacidade de Berkano de transformar e curar. A madeira da bétula, indispensável para a sobrevivência em terras frias, queima brilhantemente, refletindo a relação entre Berkano, Frigga e a força vital do fogo.

Mais ao lado, uma anciã, talvez uma representação de Frigga em sua sabedoria madura, orienta as mulheres mais jovens na arte do Sejdr, conectando-se aos mistérios femininos e às divindades do lar. Elas preparam ervas e poções, evocando a purificação e a cura, enquanto cantam cânticos antigos que invocam a proteção e a colaboração dos espíritos.

A atmosfera de Berkano permeia toda a clareira: a concepção, o nascimento, o cuidar e o nutrir. As árvores ao redor, altas e robustas, simbolizam o crescimento e a renovação contínua da vida. A natureza, em sua totalidade, é celebrada, desde as raízes profundas até os galhos que se estendem para o céu.

No canto oposto da clareira, um grupo de homens retorna de uma caçada, carregando com eles a abundância da floresta. Eles são recebidos com alegria e gratidão, refletindo a natureza cíclica de Berkano, onde o nascimento e a morte são portas que se abrem e se fecham continuamente. A comida compartilhada na fogueira central simboliza a prosperidade e os laços familiares fortalecidos pelo trabalho conjunto.

A união poderosa entre o alto e a terra mater é simbolizada pelo encontro de Odin, que chega em seu majestoso cavalo, Sleipnir, ao lado de Frigga. A presença de Odin reforça o vínculo entre os deuses Aesir e a terra, enquanto ele observa com orgulho a cena de harmonia e continuidade.

No horizonte, um campo de girassóis e louros absorve a luz solar, expressando as virtudes solares e a abundância que Berkano traz. A clareira inteira vibra com a energia de vida, cura e prosperidade, onde cada ser, grande ou pequeno, desempenha seu papel no ciclo interminável da natureza.

Essa cena encapsula a essência de Berkano: a força de geração feminina, a nutrição, a purificação e a continuidade da vida. Ela é um tributo à origem comum de todos os espíritos e deidades, destacando a importância da conexão, do cuidado e do respeito pelo ciclo natural da vida.

EHWAZ

Tags: cavalo — representa a sacralidade e a importância do cavalo, particularmente o corcel Sleipnir, na simbologia da runa; Sleipnir — o cavalo de oito patas associado a Odin; parelha — refere-se à ideia de dois cavalos trabalhando juntos, simbolizando parceria e sincronia; montaria — o conceito de como o cavalo ou montaria pode representar a persona ou máscara social; sacralidade — a importância sagrada do cavalo na cultura escandinava e suas leis de proteção; harmonização; Fylgja — a conexão com a alma e os animais de poder que facilitam viagens astrais e sonhos lúcidos; personas; parceria; sincronia e colaboração; integração das polaridades internas, como Anima e Animus, promovida pela runa.

Ehwaz é uma runa que fala da sacralidade entre o cavaleiro e sua montaria. Sua simbologia mais comum evoca o cavalo Sleipnir, um corcel de oito patas que é filho de Loki e se tornou a montaria de Odin. Tais narrativas são repletas de alegorias e metáforas — as oito patas eram uma referência às oito direções que partiam de um único ponto, por exemplo. Se contarmos o ponto central, temos nove marcadores e caímos na mística escandinava e sua numerologia particular, dada a importância das três tríades que estudamos anteriormente.

Como alguém acostumado a frequentar hípicas desde muito cedo, eu penso em dois cavalos, uma parelha, um macho e uma fêmea — só assim para termos oito patas na prática. Se considerarmos os tempos vikings e anteriores, entenderemos a importância de um par de cavalos para as famílias, as fazendas e os vilarejos enquanto único meio de transporte. A sacralidade do cavalo o tornava o rei do estábulo no velho norte, e havia muitas leis que o protegiam e proibiam o consumo de sua carne.

Inclusive, é bem sabido que os sacerdotes escandinavos sempre vinham montados em éguas, deixando o passado e as maldições que envolviam crânios de cavalos fixados no alto de um poste. Vejamos outras leituras mais contemporâneas.

Para a heráldica e a alquimia francesas, o cavalo ou a montaria era sinônimo do corpo físico da pessoa, enquanto o cavaleiro era a alma. Isso ganha mais força adiante. Entretanto, para nós, a montaria pode ser a nossa persona ou máscara social, com a qual nos deslocamos através de relações e relacionamentos e nos expressamos em diferentes camadas da vida, como na academia, no trabalho, na família expandida ou em casa. Ela permite nossa adaptação e sobrevivência no selvagem jardim. Na magia, usamos as personas mágickas, como maneira de expressar e explorar nossas facetas e, assim, entendermos o que predomina em nós na maior parte do tempo.

Retomando o pensamento da parelha de cavalos, uma carruagem ou biga de guerra só anda bem e alcança seu destino havendo uma parceria perfeita e sincrônica das partes. A forma da runa Ehwaz é composta de duas runas Laguz espelhadas, se pensarmos bem. Falei de um cavalo macho e uma fêmea; pelos autores ocidentais do nosso reavivamento rúnico, temos uma ideia de parceria perfeita e natural entre duas partes de um casal, negando a dita superioridade masculina abraâmica.

Podemos levar isso para a psique em termos junguianos de Anima e Animus; é preciso haver uma harmonização das nossas polaridades também na vida interior.

Então chegamos à minha parte favorita: Ehwaz é a runa que mais facilmente podemos associar a Fylgja (falamos dela nas partes da alma, uns capítulos atrás). Por meio dos ritos xamânicos e do transe provocado por eles, era possível que nosso foco e nossa percepção trocassem de lugar, deslocando-se através dos outros mundos (e do nosso) como se montassem a Fylgja (que tinha aparência de animal). A Fylgja faz as vezes dos populares animais de poder e de guardiã pessoal. Ehwaz funciona bem nas viagens astrais e nos sonhos lúcidos. Ela trata da combinação de forças para o que interessa à prática e aos significados, focalizando o bem comum.

Mas há algo mais nisso, algo que só a ritualística pode nos entregar em algum momento. Ou não. Mantenhamos o equilíbrio e a jornada como bons cavaleiros e amazonas até lá.

Visualização Mágicka: imagine-se no coração de um antigo vilarejo escandinavo. Uma cena vibrante e harmoniosa emerge ao amanhecer. No centro, um cavaleiro e sua montaria, representando a runa Ehwaz, destacam-se. O cavaleiro, vestindo uma armadura brilhante, segura as rédeas com firmeza, enquanto sua égua, com uma pelagem lustrosa, exibe uma postura majestosa. A conexão entre os dois é palpável, simbolizando a sacralidade e a confiança mútua.

Ao lado do cavaleiro, uma sacerdotisa, montada em uma égua, avança em direção a um círculo de pedras onde ocorre um ritual. Este círculo é decorado com crânios de cavalos fixados em postes altos, uma reminiscência das antigas tradições escandinavas. Os participantes do ritual, todos a cavalo, demonstram a reverência e o respeito que os escandinavos tinham por esses animais sagrados, essenciais para a sobrevivência e a prosperidade das famílias e vilarejos.

Em um canto da cena, uma carruagem puxada por um par de cavalos, um macho e uma fêmea, simboliza a ideia de parceria perfeita e sincrônica. A carruagem avança suavemente pelo vilarejo, representando a importância da colaboração e da harmonia para alcançar objetivos comuns. A forma da runa Ehwaz, com suas duas runas Laguz espelhadas, destaca-se, enfatizando a ideia de equilíbrio e igualdade entre as forças masculina e feminina.

No horizonte, um campo de treinamento para cavaleiros mostra jovens aprendizes praticando montaria e arremesso de lanças, preparando-se para futuras batalhas e jornadas. Eles simbolizam a continuidade da tradição e a passagem do conhecimento de geração em geração. A heráldica e a alquimia francesas são refletidas na forma como os cavaleiros se movem em perfeita harmonia com suas montarias, corpo e alma unidos em um propósito comum.

Em outra parte do vilarejo, uma figura solitária pratica um rito xamânico. Em transe, ela se conecta com sua Fylgja, um animal espiritual que a guia em suas viagens astrais e sonhos lúcidos. A Fylgja, com aparência de um majestoso lobo, representa a conexão profunda com os outros mundos e o poder de deslocamento e transformação que Ehwaz oferece.

A natureza vibrante ao redor do vilarejo é um testemunho da vida em equilíbrio. Árvores altas balançam suavemente ao vento, e riachos cristalinos serpenteiam pelo cenário, simbolizando a fluidez e a adaptabilidade da runa Ehwaz. Flores silvestres desabrocham em cores vivas, representando a vitalidade e a prosperidade que vêm da união e da harmonia.

Perto de uma lareira, uma família se reúne para compartilhar histórias e alimentos. A atmosfera é de calor e união, refletindo o poder da runa Ehwaz de fomentar relações fortes e duradouras. Crianças brincam ao redor, imitando os cavaleiros e suas montarias, absorvendo desde cedo os valores de parceria, lealdade e sacralidade.

A cena encapsula a essência de Ehwaz: a sacralidade da conexão entre o cavaleiro e sua montaria, a importância da parceria e da harmonia, e a capacidade de transformação e deslocamento através dos ritos e práticas espirituais. Ela celebra a vida em equilíbrio, onde cada ser desempenha seu papel em um ciclo contínuo de colaboração e crescimento.

MANNAZ

Tags: humanos; memória — refere-se à conexão com a fonte de memória guiada por Mímir e à importância das origens e da sabedoria ancestral; Mímir — o deus associado à memória e à sabedoria, cuja cabeça é consultada por Odin; origem; Ask e Embla; integração; parcerias; semente; Heimdall; colaboração.

Mannaz é a runa dos humanos, da memória das suas origens. Contém a semente do potencial divino presente em todos nós. Isso nos leva a Mímir e sua fonte da memória, tão cara a Odin que este sacrificou um olho para beber de suas águas — e até hoje conversa longamente com a cabeça daquele deus, preservada por estranhos rituais necromânticos. Isso, por si, renderia um capítulo inteiro, mas o ponto é que Mímir guiava Odin em certas canções rúnicas preciosas — uma maneira de se afastar da realidade externa e aprender com o âmago; naquelas águas teríamos deusas da memória, quem sabe? Ele abre mão da dualidade pela integração.

Ao falarmos de origens e de um coletivo humano, regressamos a Ask e Embla, dois troncos de madeira achados pela tríade de deuses Odin, Vili e Vé, os quais os presentearam, cada um com seu dom. Conversamos sobre isso no capítulo sobre mistérios escandinavos, não é mesmo? Os antigos saberes e costumes encontram, através da memória profunda, uma maneira de se expressarem no contemporâneo — sabedoria, quem sabe, para atravessar e superar o próprio Destino?

Esta runa tem uma forma interessante que reúne duas runas Laguz espelhadas uma para a outra, tal como vimos em Ehwaz; mas sobrepostas por uma runa Gebo. Interpreto essa junção como uma dica para que os humanos deixem de ver o próximo como ameaça, para vê-lo como um presente para vínculos, parcerias, casamentos e descendências sanguíneas ou espirituais. Tudo isso me parece uma bela descrição para a tal da semente do potencial divino presente em todos nós. Destaco que o mundo, *per se,* já é um lugar perigoso demais.

Autores ocidentais, diferentemente dos escandinavos, trazem para esta runa o sentido de integração e motivação para buscas espirituais maiores. Dizem que ela integra as atividades dos dois hemisférios cerebrais, a sede da memória e a intuição — daí vêm intelecto, intuição e serenidade. São ofertas interessantes também.

Eu aprecio o tom de integração, coesão e comparação entre as diversas partes — a ideia de uma família de coração é interessante. A popularidade em um meio social é da natureza desta runa, assim como aquilo com que trabalhamos e o que realizamos na sociedade. Há algo sobre como lidamos com as influências que recebemos desse mesmo coletivo, se mantemos ou perdemos nosso próprio rumo. Destaco colaboração e interdependência nos sentidos atribuídos a Mannaz. Entender a si mesmo para não culpar terceiros e, assim, prosperar, é o meu sentido favorito nas leituras desta runa.

Um detalhe importante: havendo uma estrutura social primitiva, chegamos ao deus Heimdall como o regente ou a deidade principal de Mannaz, visto que esta era uma de suas áreas de atuação nos antigos mitos e lendas. Reservado e observador, sabia de tudo que acontecia por toda parte; era filho de nove mães, segundo consta.

Heimdall vigiava os arredores de Bifrost e soava o alarme quando via invasores. Na poesia do Rígsþula, parte dos Eddas, ele é associado ao herói civilizador Ríg, pai dos seres humanos e das castas, intermediário entre os deuses e os homens. A narrativa é divertida. Em uma de suas viagens se hospedou em três casas: a de uma família pobre, a de uma família mediana e a de uma rica. Dizem que dormiu entre o marido e a mulher em cada uma delas e, nove meses depois, três crianças nasceram. Cada uma delas se tornou o ancestral das castas que vingaram na Escandinávia — servos, donos de terra e chefes tribais. Deixando isso de lado, Heimdall nos protege muito bem nas viagens astrais e no contato com nossa voz oculta.

Visualização Mágicka: no coração de uma floresta antiga, um cenário evocativo se desdobra, destacando a essência da runa Mannaz. Em uma clareira iluminada pela luz suave do crepúsculo, uma árvore monumental se ergue majestosamente com duas figuras esculpidas em seu tronco — Ask e Embla, os primeiros humanos, criados pelos deuses Odin, Vili e Vé. Suas formas robustas e serenas simbolizam a origem e o potencial divino presente em todos nós.

Ao lado da árvore, uma fonte cristalina jorra de um pedestal de pedra, representando a fonte da memória de Mímir. Odin, de um olho só, inclina-se para beber das águas, absorvendo a sabedoria ancestral. Ao seu lado, a cabeça preservada de Mímir repousa em um altar, emitindo uma aura mística que envolve a cena. Este ponto focal simboliza a busca profunda pelo conhecimento interior e a integração das dualidades.

No horizonte, um grupo de figuras humanas se reúne em um círculo, cada uma delas refletindo diferentes aspectos da vida coletiva. Elas são unidas por linhas luminosas que formam a runa Mannaz, composta por duas runas Laguz espelhadas e sobrepostas por uma runa Gebo. Essa configuração representa a integração e a cooperação, sugerindo que cada indivíduo é um presente que fortalece os vínculos comunitários e espirituais.

No centro do círculo, uma família diversa se destaca, representando a "família do coração". Seus membros estão unidos em atividades cotidianas: crianças brincando, adultos compartilhando histórias e anciãos passando sabedoria. A atmosfera é de harmonia e interdependência, refletindo a natureza colaborativa e integradora da runa Mannaz.

Perto do círculo, uma figura solitária envolta em mantos cerimoniais realiza um ritual xamânico. Em transe, ela se conecta com o espírito guardião Heimdall, representado por um guerreiro majestoso com nove estrelas brilhando ao seu redor, simbolizando suas nove mães. Heimdall, com uma expressão vigilante, protege Bifrost, a ponte arco-íris que liga o mundo dos deuses ao mundo dos homens. Ele é o guardião e o intermediário, assegurando a proteção e a sabedoria necessárias para as jornadas espirituais.

No fundo da cena, três casas distintas são visíveis, simbolizando as castas sociais descritas na poesia do Rígsþula. Em cada casa, uma família acolhe Ríg (Heimdall disfarçado), que traz prosperidade e estrutura social, unindo as classes através do nascimento de novas gerações. Essa narrativa destaca a função de Heimdall como o herói civilizador e protetor dos humanos.

A clareira, com sua mistura de natureza selvagem e símbolos ancestrais, encapsula a essência de Mannaz: a memória das origens, a potencialidade divina, e a integração harmoniosa das dualidades. Os personagens e elementos se movem em um ciclo contínuo de aprendizado, cooperação e proteção, refletindo a importância de entender e integrar todas as partes de si mesmo para prosperar no coletivo. A cena é uma celebração visual da sabedoria ancestral e do potencial humano em sua forma mais pura e colaborativa.

LAGUZ

Tags: águas; fluxos e correntes; fluidez e transformação; mudanças — a movimentação das águas que molda o rumo da vida e das emoções; profundidade; Njord; Ran; intuição — a ligação com a sabedoria interior e o inconsciente, purificação, aspectos relacionados ao elemento água.

Laguz diz respeito a águas, fluxos, correntes e, no seu viés oposto, a vazamentos que levam à escassez do líquido precioso e, eventualmente, às secas. É interessante como há diversas camadas de interpretação nesse sentido. Esta runa fala de movimento e fluidez, sentimentos e sonhos, recaindo mais para o onírico do que para algo mais ígneo, como expresso em Kenaz.

Esta runa combina com devaneios e visões, mas daquele tipo no qual você pode se afogar ou sufocar; são águas profundas onde, sem planos e metas, em alguma medida, você encontrará o fim muito antes de alcançar a terra firme.

A atmosfera de Laguz é vasta, abarcando desde um pequeno córrego até a vastidão de um oceano; a ideia da profundeza dessas águas deve ser considerada, bem como os seus diversos estados — líquido, sólido e gasoso.

A atmosfera reinante nesta runa tem a predominância dos deuses Njord e Ran, bem como dos Vættir, guardiões dos lagos, rios e nascentes de águas doces. O estranho povo Huldre, por sua vez, cuida dos pântanos e, quem sabe, das águas paradas.

Outra variação interessante sobre esta runa é que suas águas podem também representar as águas uterinas e amnióticas, onde o esperma e o óvulo se fundem, dando início a um novo ser vivo (se este completar a gestação). Para isso, as águas precisam de uma temperatura mais ou menos estável e da presença de nutrientes e muitas outras partes.

Neste mesmo reino de Laguz, existem águas que vertem de uma pedra como lágrimas, uma maneira poética de se referir às nascentes e às fontes que brotam das fissuras entre os paredões rochosos de certas serras e cordilheiras que já visitei em minhas andanças.

Uma corrente de água flui e continua a correr. Através do seu percurso, entendemos a habilidade da água para contornar pedras e seguir seu rumo. Fluidez, purificação para moldar e se deixar ser moldada pelo ambiente, sem perder aquilo que se vem a ser, é uma lição interessante que podemos tirar de sua interpretação, tal como a profunda conexão afetiva que vem do nosso âmago, mas que só entendemos depois que atuamos por meio dela.

O elemento água sempre nos remete, na tradição ocidental, a chaves de entendimento como símbolo de vida, emoção, afetos, intuição ou o famigerado inconsciente. Há algo de refrescante e de purificante presente nas águas, para uma renovação das nossas forças. Saindo do campo afetivo e metafísico, esta é uma runa que pode falar sobre cruzeiros e viagens, navegando nas águas doces ou salgadas. Viajando sobre as águas, há sempre algo a respeito dos mistérios que jazem em suas profundezas.

Continuando através de um repertório de fluxo, fluidez e mudanças, chegamos à sintonia, com o correr da vida como ela acaba envolvendo a aceitação das mudanças inevitáveis. Intuição e confiança interior expressam uma sabedoria interna que corre profundamente em cada um de nós. Laguz, às vezes, exerce o papel dessa mediação entre o que não percebemos que expressamos e realizamos e o que acabamos sendo na vida. Laguz promove um entendimento melhor de si mesmo diante das tormentas e do sentimento de desespero no correr do inevitável no cotidiano.

A forma da runa Laguz figura bastante de maneira espelhada nas runas anteriores — Ehwaz, Mannaz e alguns até a enxergam em Tiwaz (o que acho bastante curioso). Algo importante deve residir nisso, ao menos por um olhar afetivo e para um desenhista.

Visualização Mágicka: imagine-se em uma floresta envolta em névoa, onde uma clareira mágica se revela, dominada pelo som suave de um riacho que serpenteia através das árvores. Ao centro, uma figura imponente se ergue, com uma fonte de águas cristalinas brotando de uma rocha, simbolizando a nascente de uma vida nova e pura. As águas da fonte refletem a runa Laguz, cuja forma simples e fluida parece desenhar o próprio curso do riacho.

No riacho, as águas correm livremente, contornando pedras e raízes, representando a adaptabilidade e a resiliência. Pequenos peixes nadam contra a corrente, simbolizando o esforço e a perseverança diante dos desafios. À margem do riacho, uma figura feminina de traços suaves e serenos, associada à deusa Ran, cuida das águas, coletando-as em um cálice de prata, sugerindo purificação e renovação.

Ao lado do riacho, uma mulher grávida senta-se em uma pedra, as mãos acariciando o ventre. O brilho suave das águas reflete em seu rosto, simbolizando as águas uterinas e a promessa de nova vida. A presença da deusa Njord é sentida no ar, trazendo uma sensação de segurança e nutrição para o futuro ser que está por nascer.

A cena é envolta em um jogo de luzes e sombras, onde devaneios e visões se misturam. A figura de um homem, representando o inconsciente, emerge das águas profundas, segurando um espelho onde os sonhos e as intuições são refletidos. Seu olhar é sereno, mas enigmático, sugerindo que há profundidades inexploradas em todos nós.

Na distância, o riacho se transforma em um vasto lago, suas águas calmas refletindo a lua cheia, simbolizando a vastidão dos sentimentos e dos sonhos. Um barco solitário navega suavemente pela superfície, guiado pela intuição de seu barqueiro, evocando viagens oníricas e a exploração dos mistérios ocultos nas profundezas.

Perto da margem do lago, uma pequena cabana de madeira é visível, onde uma figura idosa, talvez um xamã, realiza um ritual. Ele utiliza a água do lago para purificação, lançando gotas sobre uma pedra sagrada. As águas evaporam e sobem ao céu, simbolizando a transformação e a elevação espiritual.

Ao fundo, montanhas imponentes cercam a cena, com pequenos riachos escorrendo de suas fissuras. Estas nascentes de lágrimas de pedra sugerem a conexão poética entre as emoções humanas e a natureza. A água, em todos os seus estados — líquida, sólida e gasosa — representa a fluidez e a capacidade de adaptação.

No horizonte, uma figura mística, meio visível entre a névoa, representa o povo Huldre, guardião dos pântanos. Sua presença é etérea, sugerindo a proteção dos lugares ocultos e das águas estagnadas, lembrando-nos dos mistérios e perigos que podem se esconder nas profundezas.

A cena termina com a imagem de duas figuras, uma masculina e outra feminina, unidas em um abraço, cercadas pelas águas do riacho que se estende ao infinito. Esta união simboliza a fusão dos opostos, a harmonia entre os diferentes aspectos da vida e a aceitação das mudanças inevitáveis. A água, elemento vital, fluindo incessantemente, representa a continuidade da vida, a intuição e a sabedoria interior que nos guia através das tormentas e dos desafios.

Essa representação visual da runa Laguz encapsula a profundidade dos sentimentos, a fluidez das emoções e a constante transformação que define a jornada humana, celebrando a conexão íntima entre o homem, a natureza e o divino.

INGWAZ

Tags: vitalidade, rejuvenescimento, fertilidade, juventude, plenitude, prosperidade, renascimento, realização, equilíbrio, abundância.

Ingwaz fala sobre o frescor, a força e a intensidade da juventude e da jovialidade, coisa dos deuses Frey e Freya por excelência, mas também de Iduna, a deusa que oferecia maçãs energizadas que asseguravam a imortalidade a quem as comesse. Logo, termos como "viçoso" e "viril" harmonizam muito bem com esta runa e sua atmosfera. Sinto um perfume de macieira no ar.

Muitas vezes, esta runa marca exatamente o momento de descanso entre a passagem de grandes ciclos ou jornadas em nossa vida. A ideia de um campo viçoso, estável e sereno, tal como um prado fora do tempo e do espaço, ilustra bem a ideia que temos nessa atmosfera.

É uma runa que reifica e garante o sucesso de nossos esforços, planos e criações.

O clima de verão e prazer, o sabor do mel, bem como as flores e as árvores no auge de sua vitalidade, são marcadores importantes — há algo de sexual no ar, tal como a conclusão do ato que inicia novos ciclos e deixa a sensação de prazer e eternidade aos amantes, enquanto o mundo todo parece ter parado em torno deles.

Ingwaz não é uma runa que trata de ciclos climáticos do tempo sagrado, das coisas de uma roda do ano ou afins. Sua forma mais quadrada reforça que sua atmosfera e sua expressão acontecem dentro do tempo mundano, do perene e do cotidiano. A runa indica como aquilo que toma forma se beneficia de sua própria força; o meio do verão e o que encontra seu auge nele é a matéria mágicka desta runa. E este é o seu tom.

A fertilidade é encontrada nessa atmosfera, assim como a conclusão propícia, as realizações e os novos inícios. A ideia ou a presença de uma reserva, ou ainda de recursos que precisam de um tempo de latência antes da plena manifestação para conquistarem sua verdadeira força, é interessante para entendermos esta runa. É como um facho de luz na escuridão noturna, um portal para um novo ciclo na vida, se for alcançado.

Dentro desta obra, falamos anteriormente sobre a Hamingja, no tópico das partes da alma escandinava, não é mesmo? Ingwaz retrata ou emoldura a permanência e a transmissão da Hamingja familiar do ancestral ao descendente através da magia. Costumes e hábitos são uma força a ser considerada dentro do imaginário escandinavo, bem como um certo ceticismo em relação às mudanças no atacado. Uma marca de sorte ou de fortuna atuava por merecimento como um dom hereditário de uma família.

Yngvi era o nome do deus pai de Frey e Freyja, consorte de Nerthus, a mãe-terra em tempos primevos. Frey assume este manto juntamente com Freyja em tempos posteriores. Sua força era celebrada em procissões de barcos, enquanto a dela, através de carruagens sagradas e seus percursos místicos através da terra. Fogo e luz eram parte fundamental dos festejos, das fontes da vida e do renascimento.

Há algo pertinente a ser lembrado sobre Ingwaz, algo que reside na forma de sua runa, feita quase que por duas runas Gebo sobrepostas em suas expressões e formas alternativas. É a noção da abertura que liberta o potencial energético. É como se fosse uma força que preserva a energia até que venha o momento oportuno de sua liberação. Entretanto, sua forma mais comum, a qual adotamos no oráculo, é uma referência a Yoni, o portal que permite o nascimento de toda a vida neste selvagem jardim.

Visualização Mágicka: em uma planície verdejante, cercada por árvores frutíferas em plena floração, uma cena de intensa vitalidade e rejuvenescimento se desenrola. No centro do prado, um jovem casal repousa sob a sombra de uma macieira carregada de frutos vermelhos e suculentos. O perfume doce das maçãs maduras permeia o ar, evocando a deusa Iduna e suas maçãs da imortalidade.

O casal, em um momento de profundo descanso e conexão, simboliza a frescura e a força da juventude. Seus rostos irradiam serenidade e satisfação, refletindo a energia vibrante de Ingwaz. Ao seu redor, o campo é um tapete de flores coloridas; abelhas zumbem de flor em flor, simbolizando a fertilidade e o prazer do verão. A atmosfera é de plenitude e estabilidade, como se o tempo tivesse parado para permitir que este momento de paz e rejuvenescimento se eternizasse.

No horizonte, a luz dourada do sol de verão banha a cena, intensificando o verde dos campos e o brilho das flores. Há uma sensação de que tudo está no seu auge, de que a natureza está mostrando sua maior força e beleza. Perto do casal, uma cesta cheia de maçãs e mel reforça a sensação de abundância e prazer. Eles compartilham uma maçã, rindo e conversando, celebrando a conclusão de um ciclo e o início de um novo, onde o esforço e os planos culminam em realizações frutíferas.

Uma figura divina, reminiscente de Frey e Freyja, observa a distância seus semblantes serenos e cheios de orgulho. Eles representam a força e a jovialidade dos deuses, infundindo a cena com um sentimento de proteção e prosperidade. Freyja, com seu cabelo dourado como o trigo maduro, segura um ramo de flores, enquanto Frey, robusto e viril, carrega um facho de luz, símbolo da vida e do renascimento.

A presença da runa Ingwaz é sentida em toda a cena, sua forma quadrada e estável sugere a permanência e a prosperidade. Ela é a promessa de que tudo que é cultivado com cuidado e amor, no tempo certo, alcançará seu pleno potencial. A forma da runa, assemelhando-se a duas runas Gebo sobrepostas, destaca a importância da cooperação e do equilíbrio, da união de forças para garantir o sucesso e a realização.

Ao fundo, uma procissão de barcos iluminados por tochas flutua suavemente sobre um lago, celebrando os antigos rituais de Frey. As chamas dançam refletidas na água, representando a chama da vida que persiste e renasce, tal como Ingwaz simboliza. A cena é uma lembrança visual da força regenerativa, da fertilidade e da promessa de novos inícios que vem com cada conclusão propícia.

O cenário ao redor é uma combinação de estabilidade e latência, como se a natureza estivesse em um estado de espera tranquila, preservando sua energia até o momento oportuno de sua liberação. A figura de uma mãe, talvez a própria Nerthus, com um recém-nascido nos braços, caminha pela trilha do prado, representando a transmissão de vida e a continuidade da Hamingja familiar.

Nessa obra de arte, cada detalhe é uma celebração do ciclo da vida, do auge do verão e da juventude. É uma representação da runa Ingwaz, que encapsula a essência da vitalidade, do prazer e da promessa eterna de renascimento e realização no selvagem jardim da existência.

OTHALA

Tags: herança — refere-se à transmissão de bens, valores e legado espiritual para os descendentes; legado — o resultado duradouro das conquistas e lições de vida, o qual molda o futuro dos herdeiros; satisfação; velhice; bens; clã; lealdade; Hamingja; aquisição — a obtenção de bens e propriedades, algo central para esta runa; proteção.

Othala é uma runa que versa sobre aquilo que transmitimos como herança ou mesmo como um legado espiritual que compartilhamos com nossos descendentes. Já por aí entendemos que a atmosfera desta runa abrange tudo aquilo que conquistamos nas lições da vida, na riqueza e mesmo nas propriedades que adquirimos — o que por extensão nos dá a visão de uma vida bem vivida, com grande satisfação nas idades mais avançadas. Indo um pouco mais além, é como toda essa somatória atua como um bloqueio ao esquecimento e à perda de quem fomos em vida.

Othala, então, sinaliza e pressagia um destino funesto para aqueles que não deixam um legado. Nesse sentido, é uma runa que também abarca temas como benefícios, pensão e até investimentos de longo prazo. Outro ponto interessante é como ela evoca a assistência de instituições mais antigas e pessoas mais velhas. Assim como ela lida com a velhice, ela também pode melhorar a saúde dos mais velhos.

Outra palavra-chave de Othala é satisfação. Ela também combina com a ideia de um lar harmônico permeado de hábitos, costumes e um espírito de clã que desfruta uma colheita abundante em sua fazenda — pontos marcantes e indispensáveis no repertório do imaginário escandinavo. Existe uma relação saudável de troca, de precisar e depender, entre os vivos e a terra que os acolhe e da qual fazem uso. E, naturalmente, a disposição deles em morrer pela proteção e defesa desta terra onde moram e trabalham: eis aí o vínculo sagrado e intransferível que assegura sua transmissão para os descendentes.

Se Fehu representa o dinheiro, em Othala temos a expressão máxima dos bens que o dinheiro pode investir e comprar. Outro ponto interessante nela é o papel do rei enquanto descendente dos deuses, ou seja, ele portava a Hamingja coletiva (boa fortuna ou sorte), derramada sobre todo o seu povo e suas terras. A contraparte é que este podia ser sacrificado se as coisas não fossem bem e se o povo fosse assolado por pragas, péssimas colheitas e invasões sucessivas. Nesse sentido, o rei era considerado fraco, enquanto um sucessor era escolhido entre seus parentes ou descendentes. Mais importante do que isso era a escolha da nova esposa deste novo rei, pois ela é que transmitiria a Hamingja do velho rei para o novo e, assim, para a descendência do casal. O casamento arranjado era mais presente por conta disso do que sonha a vã Hollywood de hoje.

Entramos, então, na questão da lealdade com a tribo e a pátria, o principal pilar de organização social de escandinavos e de muitos germânicos. Era por meio dela que vinham a herança e o legado, os laços que reuniam as gerações do passado e do presente. A própria forma da runa nos dá um *insight* sobre o espaço fechado da família e da tribo protegendo seus membros, assegurando virtudes, hábitos e costumes que lhes davam força e eram intransferíveis — passando apenas através do sangue aos descendentes da linhagem. Assim era também com a terra onde viviam.

Aquisição e transmissão de bens são da atmosfera de Othala.

A runa também representa o deus Frey tomando sua fazenda como legado. Aqui no selvagem jardim, a fazenda era sempre transmitida para os filhos mais velhos da família. Encantarias de proteção para o lar e os bens da casa ou da propriedade são comuns na atmosfera de Othala. Ela também evoca os ancestrais, tal como um portal nas viagens pelo astral; ainda no culto aos ancestrais, ela é gravada nas bebidas, nos pratos ou mesmo no chão onde aqueles são ofertados.

Visualização Mágicka: imagine uma antiga e majestosa fazenda que se ergue sobre uma colina verdejante, rodeada por campos dourados e uma rica colheita. O cenário é imerso em uma luz suave do final da tarde, destacando a beleza e a prosperidade da terra. A fazenda, de estrutura sólida e tradicional, simboliza a herança e o legado que atravessa gerações.

À frente da fazenda, um grupo de figuras representa a continuidade da linhagem. Um ancião, com uma expressão serena e digna, entrega uma chave simbólica a um jovem casal. Esse ato é carregado de significado, representando a transferência do legado e dos bens acumulados ao longo da vida. O ancião, com uma aura de sabedoria, é cercado por membros da família que observam com respeito e orgulho.

O casal jovem, vestido com trajes tradicionais, segura a chave com gratidão e esperança. Ao fundo, a imagem de uma árvore genealógica é esculpida na pedra da fachada da fazenda, simbolizando a conexão entre o passado e o futuro. As raízes da árvore se entrelaçam com o solo fértil, representando o vínculo sagrado com a terra e a continuidade da linhagem.

À direita da cena, uma figura realista de um rei antigo é representada em um mural, segurando um cetro adornado com runas. O rei, com um olhar grave, simboliza o papel de liderança e a responsabilidade de transmitir a Hamingja (boa sorte) ao próximo herdeiro. Sua presença enfatiza a importância do legado e da proteção da comunidade.

No lado esquerdo, uma mesa de oferendas está repleta de alimentos e bebidas, acompanhadas por símbolos ancestrais. Familiares e amigos se reúnem ao redor, celebrando a colheita e oferecendo gratidão aos ancestrais. As inscrições rúnicas gravadas nas oferendas conectam os presentes com o culto aos antecessores, reforçando a importância da tradição e da proteção espiritual.

Acima, o céu reflete um crepúsculo dourado, simbolizando a conclusão de um ciclo e o início de um novo. A luz do sol poente ilumina a fazenda e a família, sugerindo a continuidade e a prosperidade que se estenderá às futuras gerações. A cena transmite uma sensação de realização e paz, além da certeza de que o legado deixado será honrado e preservado.

A atmosfera da imagem é de harmonia, celebração e profundo respeito pelos laços familiares e pela terra. Othala é representada como a síntese de tudo o que foi construído e transmitido ao longo da vida, garantindo que a herança e o legado perdurem.

DAGAZ

Tags: esperança — reflete a promessa de um novo começo e a renovação que Dagaz simboliza, semelhante ao amanhecer; renovação; prosperidade; equilíbrio; transição; crisálida; solstício; catalisador; união; otimismo.

Quando encontro a runa Dagaz, eu a acolho como uma promessa de esperança e de renovação, tal como um amanhecer dourado cuja luz se derrama irrestritamente sobre toda a terra, despertando a vida onde toca. O cineasta Terrence Malik talvez seja quem melhor saiba expressar essa dinâmica em suas películas. O dia é o mensageiro dos deuses, como dizem, presságio de esperança e renovação.

Mudanças para melhor, prosperidade, melhor entendimento das dinâmicas de relacionamentos diversos (casais, profissionais, familiares e amigos) fazem parte desta runa. É o tal do ver às claras as pessoas como elas acabam sendo, e não como esperávamos ou gostaríamos que fossem. É possível enumerar incontáveis benefícios que são alcançados a partir deste ponto.

Enquanto a runa Othala fala sobre assinar a grande obra que foi a vida e observar tudo que se realizou e deixará para os seus, a runa Dagaz é o último suspiro, a boa morte de quem viveu realmente bem. Talvez seja a partida para a luz que nos espera ao final de toda a escuridão. No Ocidente, alguns magistas associam esta runa ao chamado Nodo Lunar Norte ou Caput Draconis, o que agrega um sentido de próxima vida ou de destino cumprido, algo interessante dentro de um breve paralelo.

Encontrar a paz na velhice, o equilíbrio entre a luz e a sombra, é uma atribuição interessante. Se dispusermos as runas em um círculo, Dagaz é o polo oposto de Jera. A primeira divide as horas e as leis do dia, enquanto a outra divide o ano; ambas regem a passagem do tempo. Se projetarmos tal mensuração no calendário, Dagaz marca o solstício de verão, enquanto Jera, o solstício de inverno. Jera é suave nas mudanças que causa, enquanto Dagaz é súbita e seca. Vemos a ação de ambas sempre que a energia e as forças alcançam seu ápice. Elas se tornam o seu oposto: o solstício de verão marca o escurecimento e o esfriamento do ano; já o seu oposto, o aquecimento e a claridade.

Dagaz é uma força catalisadora. Corresponde à famosa Lemniscata que altera as coisas, mas nunca a si mesma; rege os contrastes e opostos, mas sem se identificar, marcando o ponto de alternância entre as coisas. Atesta a união de hemisférios ou polos, à sua maneira brusca e direta. Simboliza a ponte entre a alma e a matéria, é a crisálida que deixa o casulo e passa a viver na luz.

Diferentemente da runa Kenaz, que marca normalmente a chama da tocha, Dagaz marca a luz natural do dia. A jornada solar representa a jornada da alma, da escuridão do útero à do caixão. Os escandinavos viam a noite e contavam a vida por meio dela enquanto prenúncio do dia. Por marcar a passagem dos ciclos, é atribuída ao Ragnarök e ao final dos tempos do imaginário medieval dos povos escandinavos.

Na atividade mágicka, Dagaz pode atuar como uma força complementar ou conclusiva para projetos e tarefas, delimitando prazos e limites. Nesse sentido, ela pode ser usada para banir e restringir forças igualmente antagônicas ou opositoras diversas. É uma runa otimista que nos ensina que, apesar dos tempos difíceis, a vida tem uma força indestrutível que realoca e se regenera. Dias melhores virão.

Visualização Magicka: imagine-se em uma manhã dourada; a primeira luz do amanhecer se espalha suavemente sobre um vasto campo. Cada raio de sol toca a terra, despertando vida e renovação onde quer que alcance. Um casal de mãos dadas caminha lentamente pelo campo, seus rostos iluminados por um novo entendimento mútuo. Eles sorriem um para o outro, a clareza em seus olhos reflete uma compreensão profunda e sincera de quem realmente são, além das expectativas ou ilusões.

Ao fundo, um velho homem, sentado em um banco sob uma árvore frondosa, observa o nascer do sol com um olhar de paz serena. Ele representa a velhice em equilíbrio, aceitando a transição do dia para a noite, da vida para a morte, com serenidade e gratidão. Perto dele, uma jovem criança brinca alegremente com uma borboleta, simbolizando o ciclo contínuo de renovação e o frescor de novos começos.

Mais ao longe, uma pequena comunidade está reunida em um círculo, refletindo a passagem do tempo. À medida que o sol sobe no céu, sua luz revela as interações e conexões entre os membros da comunidade — amizades, parcerias de trabalho, laços familiares. A clareza do dia ilumina a verdadeira natureza dessas relações, permitindo um entendimento e uma prosperidade renovada.

No horizonte, uma crisálida se rompe, liberando uma borboleta que voa em direção ao sol, simbolizando a alma que deixa o casulo da matéria e ascende para viver na luz. Esse momento de transformação é marcado por uma sensação de realização e um presságio de futuros brilhantes.

Em meio à natureza, as árvores e flores estão no auge de sua vitalidade, refletindo a prosperidade e a força da juventude. A luz do solstício de verão, marcada por Dagaz, indica o pico do ano antes que ele comece a escurecer novamente, mostrando o ciclo inevitável de luz e sombra, dia e noite.

Esse cenário encapsula a essência de Dagaz — uma promessa de esperança, uma força catalisadora que transforma e renova, marcando o ponto de alternância entre os opostos. O campo vasto e iluminado pelo sol representa o equilíbrio e a união dos hemisférios, a clareza e a prosperidade que vêm da compreensão e da aceitação da vida em todas as suas fases. A cena captura a mensagem de Dagaz de que, apesar dos desafios, a vida tem uma força indestrutível que se regenera e traz dias melhores.

COMO FAZER USO DO SEU ORÁCULO

Como tudo na vida como ela acaba sendo, você precisa arranjar tempo e espaço para apreciar, saborear e se inspirar – ou quem sabe se apaixonar – por seu oráculo rúnico. Não há um sinal celeste em relação a isso; é sobre mexer nas cartas, ler este livro e ir atrás de mais e mais fontes da runologia, seja ela acadêmica ou mística, e também de runosofia.

Quanto mais marcadores, mais repertório você irá absorver, e suas leituras se tornarão mais fáceis. Livros, filmes, palestras, podcasts podem ajudar. Haverá um momento em que você perceberá que tudo isso lhe parecerá mais natural – esta será uma evidência de que seu empenho e seu engajamento estão rendendo e, assim, a prosperidade virá.

Foque nestes dois marcadores – empenho e engajamento nos estudos –, espreite e jogue muito, muito mesmo, até as imagens deste oráculo lhe parecerem velhos amigos. Prefira isso à alucinação e ao fetiche neopuritano que rodeia esses temas escandinavos nas Américas.

Um estado mental focalizado e mais ou menos sereno, um caderno de anotações com os resultados das suas investigações, realizadas nos seus exercícios anteriores, além deste livro e de outras obras sobre runas por perto, são sempre uma combinação legal no início.

Olhar por um tempo para a chama de uma vela ajuda a focalizar mais e deixa a luminosidade mais agradável para jogar as cartas deste oráculo. Um incenso natural ou uma resina que você aprecie, também. Um chá ou uma taça ou drinkhorn com hidromel podem ser uma boa experiência, se usados com jeito e moderação.

Algumas pessoas apreciam uma boa trilha sonora, por isso preparei uma playlist exclusiva para vocês e deixei o QR Code disponível no final deste capítulo. Também gosto de tocar uns 15 minutos de tambor xamânico enquanto canto os nomes das runas na sua sequência.

Outros preferem o silêncio – tudo bem. Uma coisa pouco mencionada e que ajuda bastante é a prática de exercícios respiratórios antes da consulta. Os de quatro tempos são excelentes: quatro tempos para inspirar, quatro tempos para segurar, quatro para soltar e quatro para ficar sem ar.

E um último segredo é fazer suas leituras sempre voltado para a direção norte, onde quer que você esteja. Um estado espiritual de estar no centro da árvore do mundo, ou ainda montando o corcel, ajuda bastante. Supondo que você agregue ao seu cotidiano algumas dessas práticas, seja honrado e respeitoso com todos com quem convive ou encontra na jornada, pois, em algum momento, o dono de todas as runas deixa a assinatura de sua presença para você.

Exemplos de tiragem

A seguir, ofereço alguns exemplos básicos e pontuais que podem lhe inspirar a criar suas próprias jogadas oraculares, depois de ter dominado e ganhado familiaridade com eles. Tenha etiqueta e seja honrado ao pedir o seu aconselhamento às cartas – para você ou para terceiros. Elas respondem, mas às vezes nosso ego e o desejo de que as coisas corram como queremos não nos deixam vislumbrar ou enxergar o significado. Balizar o que o oraculista quer realmente dizer, o que o consulente quer entender e o que vem no jogo é uma arte que você aprende jogando, acertando ou errando, tirando lições; e que se estende até o final dos seus dias e noites sobre a terra, como diria a sábia Mirella Faur em seus mistérios nórdicos.

O mais importante é definir as casas à sua frente na mesa e decidir o que elas significam. Todo iniciante pode experimentar três casas para começar. Depois de ganhar proficiência, sugiro experimentar tiradas com seis até nove casas. Ao longo do tempo, baseei-me nesses números por conta da importância dada a cada um deles na tradição escandinava, como apresentamos alguns capítulos atrás nesta mesma obra. Vamos começar pelo básico – três casas e suas variáveis.

Indagando as Nornes

Defina três casas na horizontal, da esquerda para a direita. A primeira é o passado, a causa, o corpo ou a situação – é você ou o consulente. A segunda casa é o presente, o verbo e a ação. A terceira é onde a situação e a ação se tornam algo a mais, uma terceira coisa ou o futuro, se você preferir; ela carrega a orientação espiritual e o destino procurado.

Uma variação interessante deste mesmo jogo é realizar perguntas de "sim" ou "não". Embaralhe as cartas, retire três delas e as distribua nas casas, da esquerda para a direita. Quando as três cartas saem para cima, tendem ao positivo; quando as três saem invertidas, é o negativo. Os casos intermediários dão noções de sucessos ou falhas parciais, mais para o sim ou mais para o não.

Para fins introdutórios, apresentaremos uma terceira maneira igualmente baseada nestas três casas, agora na vertical. Tire três runas e as disponha uma em cada casa, do alto para baixo. A primeira é a causa ou a origem do problema; a segunda fala sobre influências e a melhor atitude (ou a não tomada de uma atitude); e a terceira casa aponta o rumo provável se você seguir o conselho da segunda runa.

Para os escandinavos, o passado determina o presente, e o que fazemos neste dá o tom do que virá. "Destino" fala sobre sua têmpera, seu jeito de ser e principalmente o que acaba sendo na prática, não o que esperam nem o que acham que deveria ser. Destino não diz respeito a algo fixo e inevitável.

Essas tiragens básicas devem ser treinadas; você deve se familiarizar com elas e ganhar algum traquejo. Elas resolvem suas necessidades mais imediatas e básicas, assim como conseguem fazer bastante por quem eventualmente você decidir ajudar. A natureza humana é mais ou menos a mesma desde sempre; retirando a tecnologia do papo, luxúria, avareza, egoísmo, inveja, ira e outros sempre estiveram por lá, tal como a chance da virtude para triunfar sobre o automatismo em que aqueles nos aprisionam.

Sendo sincero, academicamente falando, não sabemos exatamente o que os vikings e varegues, ou outros antes deles, realmente faziam, visto que lançar as runas era algo abrangente e de vasto entendimento.

Usando símbolos escandinavos

Quando dominar as tiragens básicas e sentir alguma coragem para experimentar mais, é possível tentar expandir suas leituras usando as formas de símbolos presentes no repertório do imaginário escandinavo. Não há uma fórmula exata para isso, é tentativa e erro, mas com um diário de viagem registrando acertos e erros. E, principalmente, é sobre ter respeito e algum temor pelo que tais formas representam e expressam, alinhado a um amor natural por como cada uma delas e seus sentidos e significados alcançaram você.

O método de ação é parecido com o das tiragens básicas: você determina cada casa e o significado dela, mas agora são mais casas, cuja disposição reproduz símbolos escandinavos conhecidos, que se alinham ao tema daquela tiragem. A ideia das direções e dos sentidos atribuídos a elas pode facilmente ser incluída para, assim, expandir o repertório da leitura em questão.

Exemplos incluem a representação da figura do Mjolnir, o célebre martelo de Thor; da runa Kenaz para dilemas comparativos de possibilidades; de Brisingamen, o colar de Freya, para pensar sobre aprendizados após escolhas mais intensas. Você ainda pode imaginar e desenhar a forma de lugares emblemáticos como a Fonte de Urd ou mesmo a Árvore da Vida. Sua imaginação e habilidade determinarão os limites.

Autoras como Mirella Faur, Freya Aswynn ou ainda grandes nomes como Stephen Flowers, Nigel Pennick, Nicholaj de Mattos Frisvold e Thomas Karlsson oferecem inspiração e boas sugestões em suas obras nesse sentido.

COMO AS RUNAS ME ALCANÇARAM – E OLHA QUE TENTEI FUGIR (SOBRE O AUTOR)

Neste capítulo, escolhi falar sobre como me apaixonei pelo universo contido nesta obra e sobre essa história afetiva que vem desde o final do último século. Antes de escolher (ou melhor, ser escolhido), eu tentei fugir e me manter distante de tudo isso – algo pouco usual na década corrente, em que não faltam vikings e mestres rúnicos por toda parte, que já iniciaram lendo os Eddas e outros textos clássicos. Aquelas pessoas que sequer conheceram o Thor da Marvel dos quadrinhos me deixam muito, muito cético. Estranho um pouco tudo isso, mas cada um na sua.

Eram tempos diferentes do que temos hoje, era o final do século 20 (anos 1990) e havia uma razoável escassez de material em português. Havia um estudioso de runas, chamado Roberto Carvalho, que atendia na Vila Madalena, aqui em São Paulo, mas não tive a oportunidade de conhecê-lo. Uma amiga chamada Breeze Cat havia sido iniciada por ele nos trabalhos rúnicos e realizava um trabalho interessante. Era o que tínhamos.

Do pouco que aparecia de maneira mais acessível nas livrarias, havia muito material "bestinha" e raso, o que me desencorajou, inicialmente, de uma aproximação ao assunto.

Tentando não mentir muito, a primeira memória afetiva verdadeiramente relevante que tenho das runas foi vê-las no icônico filme *13º Guerreiro*, de 1999. Isso me fez ir atrás do livro *Devoradores de Mortos* (*Eaters of Dead),* de Michael Crichton, e selou o meu destino. Alguns livros de Edred Thorsson e palestras de Wagner Perico depois, o álbum *The Secret of Runes,* da banda Therion (2001), novamente chamou minha atenção para o contexto. Pode ter sido meu sangue lombardo ou a fascinação por uma cultura heroica o principal atrator – mas ainda me faltava algo.

Lançar as runas me parecia algo mais amplo e mais poderoso do que glifos cravados em pedaços de ossos, pirogravados em madeira ou pedras – às vezes em peças de plástico – para servirem como orientação afetiva, satisfazer a paranoia e o senso de autoimportância alheio, atuar como agência de viagem, informar a respeito de saúde ou gravidez e mesmo agir como serviço bancário – como era comum vê-las sendo usadas por aí nas feiras místicas. Algumas mulheres falando com voz infantil e balançando os dedinhos como se fossem crianças era algo que me repelia. Eu ainda estava cético.

Uns cinco anos ou mais se passaram. Neste tempo conheci o runemal Mauricio Ferreiraa e sua esposa, Eleinne Christine, cujos conselhos e dicas foram providenciais. Acompanhei mais de perto os trabalhos de Wagner Perico, de Tyrfang e outros. Algo muito melhor e mais interessante se desenhava diante de mim. Felizmente, graças a essas pessoas, enxerguei algo bem distante e muito mais instigante sobre os escandinavos e as suas runas. Mas ainda faltava alguma coisa para mim, eu devia ser um chato mesmo.

Atribuo ao ano de 2007 dois eventos que, hoje, parecem-me emblemáticos, pois diluíram no ar minha resistência ao envolvimento com a tradição escandinava e as runas. Na realidade, sequer havia me atentado que, em 2007, houve sinais que mudaram minha postura e verdadeiramente me aproximaram afetivamente de tudo isso. Finalmente algo mais sólido tomava forma, mas quais foram estes eventos, afinal?

Iniciamos com a chegada misteriosa de um *pack* contendo o álbum duplo *Gothic Kabbalah,* da banda Therion, amplamente baseado na vida e obra de Johannes Bureus, codificador das Adulrunas e o primeiro runólogo da Suécia. Pronto, descobri os anos 1600 e consequentemente me interessei pela obra do letrista da banda, o ocultista e PhD Thomas Karlsson. Eu já conhecia Karlsson do seu clássico *Qabalah, Qliphoth e Magia Goética* e do trabalho da Ordo Dragon Rouge; posteriormente descobri seu *Uthark, O Lado Noturno das Runas*, uma obra indispensável e para a qual acabei contribuindo para que fosse traduzida e comercializada no Brasil.

Infelizmente, na época (2007), muito da obra de Karlsson estava em sueco ou russo. Sua principal tese acadêmica sobre o segundo reavivamento rúnico e o diálogo das runas com a alquimia, a cabala, o hermetismo, a nigromancia e o movimento Rosacruz me custou contatos, alguns anos e uma soma razoável de dinheiro, até conseguir traduzi-la e poder lê-la para entender melhor o tema – felizmente, os deuses foram generosos comigo nesse sentido.

Ainda no mesmo ano, tive a sorte de conhecer Mirella Faur, que realizava algumas palestras anunciando o lançamento da sua obra *Mistérios Nórdicos* (2007). Ela oferecia um texto riquíssimo em muitos sentidos, e com um sabor junguiano delicioso. Finalmente encontrei um *blending* refinado que me levou a explorar os Eddas, as Sagas e muitos outros autores que vieram posteriormente.

Escrevo este livro e o Oráculo das Runas mais de duas décadas depois que iniciei meu percurso nesse universo escandinavo. Embora eu conte profissionalmente o ano de 2007 como o meu verdadeiro marco inicial, seria deselegante não considerar todo o tempo formativo.

Hoje (julho de 2024), não posso deixar de mencionar nomes como Nicholaj de Mattos Frisvold e seu livro *Trolrún*, quando escrevo e vivo tudo isso. Penso na amizade e na troca de ideias com o runólogo Cussa Mitre. E, claro, na parceria com Thomas Karlsson, seu generoso compartilhamento de ensinamentos e a estima que ele expressa sobre nossas conversas e meu trabalho mágicko com as Adulrunas. Ao falar especificamente sobre elas, prontamente me vêm meus irmãos de Círculo Strigoi, Marco Seschi e Dyllan P., e também nossos neófitos do Círculo Strigoi e da Corte de Antares e Amantikir.

Um fato incontestável é que escrevi este livro e, por extensão, seu oráculo, tendo em mente a obra que eu gostaria de ler quando me interessei pela tradição escandinava e pelo universo das runas, ainda no século passado.

Naturalmente, o belo trabalho visual do ilustrador Paulo Rodrigues vestiu as minhas palavras com elegância e as envernizou com um tom cinematográfico que apreciei demais e tornou a obra ainda mais emblemática. Um brinde a ele, meus nobres!

No meu texto, preferi ser pontual e cirúrgico; sacrifiquei um pouco o aprofundamento e um adorável traço mais trágico e dramático, caro ao tom escandinavo, focalizando mais a funcionalidade e uma aplicação prática inicial para quem está a descobrir tudo isso.

Convivo há um tempo regular, presencialmente e digitalmente, com alguns nobres amigos do norte europeu, entre eles, professores de universidades, fazendeiros que moram bem mais distantes dos centros urbanos e, claro, ocultistas e magistas na Suécia, onde as runas e os antigos costumes seguem vivos nas suas próprias terras. Isso lhes oferece um tom, para mim, muito mais aprazível nos hábitos, práticas e costumes do que aquilo que temos no Ocidente.

Mas aqui, ao final, faço a mea-culpa: por mais que aprecie e tenha um amor por todo esse universo da tradição escandinava, sou apenas mais um, aqui no Ocidente, que visita aqueles prados e sabe no coração que lá é apenas um estrangeiro, um alógeno, não apenas lá no velho norte, mas através deste selvagem jardim.

BIBLIOGRAFIA E LEITURAS RECOMENDADAS

Futhark, a Handbook of Rune Magic (1984, Edred Thorsson/ Stephen Flowers)

Northern Mysteries & Magic (1998, Freya Aswynn)

Power and Principles of the Runes (2007, Freya Aswynn)

Mistérios Nórdicos (2007, Mirella Faur)

Uthark, O Lado Noturno das Runas (2018, Thomas Karlsson)

Revival of he Runes (2021, Stephen Flowers)

Trollrún: A Discourse on Trolldom and Runes in the Northern Tradition (2021, Nicholaj de Mattos Frisvold)

Adulruna and Uthark (2021, Thomas Karlsson)

Viking Language (2013, Jesse Byock)

Asatrú, um guia essencial para o paganismo nórdico (Diana Paxson)

The Poetic Edda: essay on Old Norse Mythology (2002, Paul Acker e Carolyne Larrington)

Revisiting the Poetic Edda: Essays on Old Norse Heroic Legend (2011, Paul Acker e Carolyne Larrington)

Runecaster's Handbook (Edred Thorsson)

Mitos Nórdicos (R. I. Page)

As Moradas Secretas de Odin (Valquíria Valhalladur)

Sagas Islandesas, A Saga dos Nibelungos (T. B. Moosburg)
Edda em Prosa: Gylfaginning e Skáldskaparmál (Snorri Sturluson, tradução de Artur Avelar, 2014)
Historia y lengua (1999, Maria Pilar Fernández Álvarez)
Old Norse-Icelandic Literature (2005, Clover e Lindow)
La saga de los Ynglingos (2012, Santiago Ibáñez Lluch)
Mitologia Nórdica (2017, Neil Gaiman)
O Mundo de Odin: Práticas, Rituais, Runas e Magia Nórdica no Neopaganismo Germânico (2020, Diana L. Paxon)
O Grande Livro das Runas: História, Tradição, Teoria Prática e Magia Rúnica (2022, Edred Thorsson)
Dicionário de Mitologia Nórdica: símbolos, mitos e ritos (2005)

Fontes Originais

Hávamál
Grímnismál
Vathtrudernismal
Rig Sthula
Alvíssmál
Heimskringla: Ynglinga Saga

Autores com os quais estou familiarizado e constam indispensavelmente nas minhas obras e pesquisas:

Klaus Düwell, Thomas Karlsson, Susan Ackërman, Nicholaj De Mattos Frisvold, Roland Zerpe, Stephen Flowers, Nigel Pennick, Mirella Faur, Freya Aswynn e Wagner Perico.